O Último Dia

Mariana Reade e Wagner Cinelli

O Último Dia

Rio de Janeiro

© Mariana Reade
© Wagner Cinelli de Paula Freitas

Revisão: Carolina Menezes
Ilustrações de Juh Barbosa
Capa e projeto gráfico: Gabinete de Artes

CIP-BRASIL. CATALOGAÇÃO NA PUBLICAÇÃO
SINDICATO NACIONAL DOS EDITORES DE LIVROS, RJ

R221u

    Reade, Mariana
        O último dia / Mariana Reade e Wagner Cinelli. - 1. ed. - Rio de Janeiro : Gryphus, 2024.
        168 p. ; 21 cm.

    ISBN 978-65-86061-84-0

    1. Teatro brasileiro. 2. Violência contra as mulheres. I. Cinelli, Wagner. II. Título.

24-92105   CDD: 869.2
                                  CDU: 82-2(81)

Gabriela Faray Ferreira Lopes - Bibliotecária - CRB-7/6643

03/06/2024   05/06/2024

Gryphus Editora
Rua Major Rubens Vaz, 456 - Gávea - 22470-070
Rio de Janeiro - RJ - Tel: +55 21 2533-2508
www.gryphus.com.br
E-mail: gryphus@gryphus.com.br

A cada mulher que sofre qualquer tipo de violência.

Que você encontre força dentro de si mesma para romper o silêncio e quebrar o ciclo de abusos onde foi "presa".

Que a esperança te acompanhe e te guie, para que você possa trilhar o caminho até o mundo do respeito e da equidade.

Wagner Cinelli

 Tirei essa foto no Haiti em 2010, no pós-terremoto que devastou o país. Ali, vi mulheres fazendo seu possível e impossível para sobreviver e cuidar de seus entes queridos em uma situação tão caótica quanto se possa imaginar.

Dedico este livro – com toda a minha solidariedade e empatia – a todas as meninas e mulheres que sofrem situações de vulnerabilidade, medo e violência em nosso planeta. Em todas as casas, escolas, ruas e países onde se coloca em risco nossa liberdade e potência.

Não desejo a nós, mulheres, superação. Desejo, sim, um planeta onde exista equidade de gênero e onde não precisemos sentir medo dos homens. Onde não exista violência sexual, doméstica, psicológica, patrimonial e qualquer tipo de discriminação contra a mulher. Onde não se culpabilize a vítima e onde não existam comentários que ouço desde a minha adolescência sobre ser uma mulher "fácil". Já se passaram 30 anos e ainda ouço os mesmos preconceitos.

Que sejamos fáceis o quanto quisermos, e difíceis o quanto quisermos. Nosso corpo é nosso. E não há homem ou mulher que possa nos dizer o que fazer com ele.

Não precisamos ser heroínas. Precisamos é de um planeta que nos dê a oportunidade para vivermos em liberdade, com dignidade, equidade e segurança. Que possamos viver nossa fragilidade e força, nossas conquistas e fracassos, nossas esperanças e medos. Que possamos ser, afinal, apenas seres humanas.

Mariana Reade

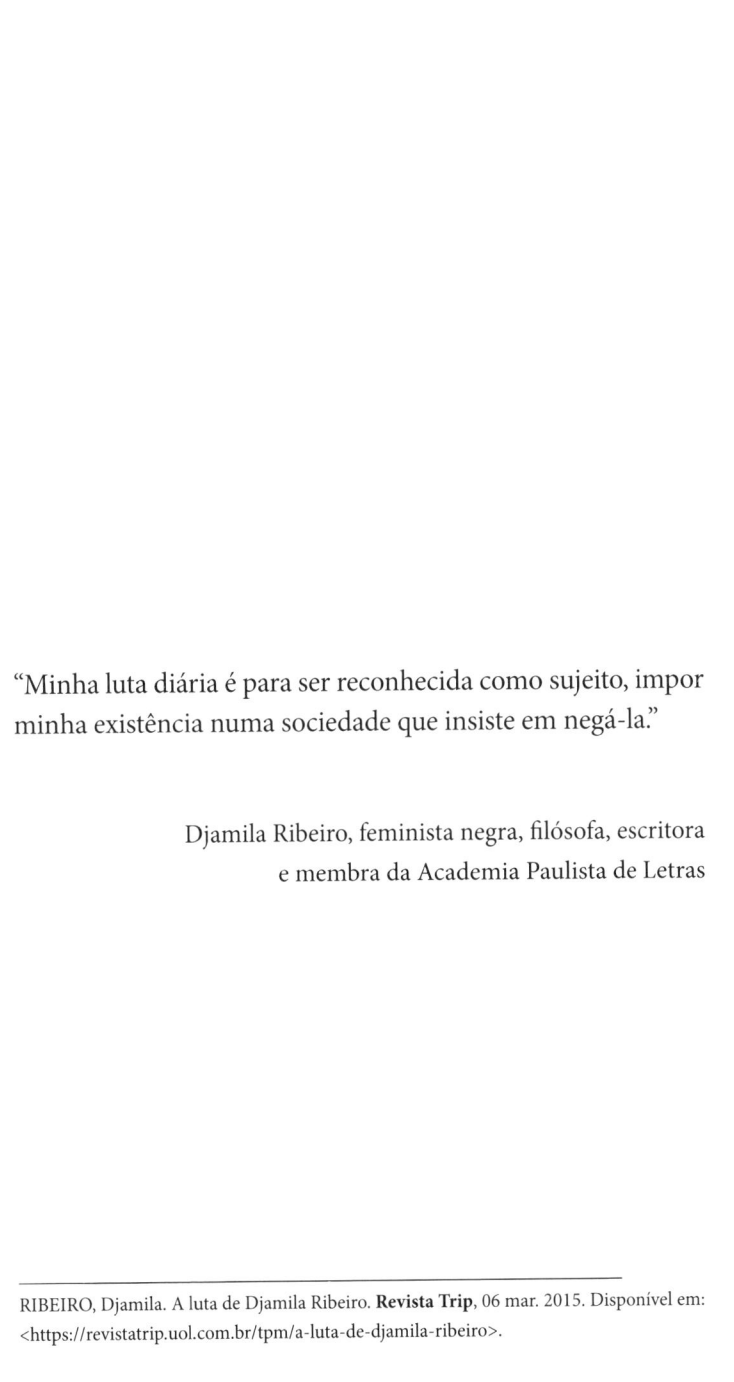

"Minha luta diária é para ser reconhecida como sujeito, impor minha existência numa sociedade que insiste em negá-la."

Djamila Ribeiro, feminista negra, filósofa, escritora e membra da Academia Paulista de Letras

---

RIBEIRO, Djamila. A luta de Djamila Ribeiro. **Revista Trip**, 06 mar. 2015. Disponível em: <https://revistatrip.uol.com.br/tpm/a-luta-de-djamila-ribeiro>.

PREFÁCIO

A cultura educa a sensibilidade

Não há história que pretenda contar os vícios e as virtudes da humanidade que ainda não tenha sido escrita. Por mais volumosas que sejam as obras publicadas, por mais originais que sejam as abordagens e narrativas, como humanos, somos pouco originais na experiência existencial entre o nascimento e a partida.

É desse lugar, do humano, que experimentamos as alegrias mais intensas e as dores mais lancinantes. E é desse lugar, do humano, que nos apaixonamos, amamos, fazemos projetos, tecemos sonhos, fracassamos, somos violentos e violentamos.

Seres contraditórios, complexos, agimos e reagimos motivados por impulsos, por sentimentos extremados, mas também somos permeáveis à cultura e à racionalidade, que permitem a convivência coletiva, pela tessitura de normas que, se não perfeitas, têm ou deveriam ter o poder de frear a barbárie.

São inúmeras as histórias já escritas e publicadas sobre a violência de gênero. Durante séculos silenciada, como prática cultural e social aceita e permitida, é recente a vocalização a exigir a intervenção estatal para barrar a escalada da misoginia e da violência contra as mulheres.

Wagner Cinelli há muito se dedica a dar visibilidade e abordagem merecida ao tema. E o faz por meio de múltiplas expressões. Magistrado sensível, pesquisador, compositor premiado, lançou, em setembro de 2020, no *Urbanworld Film Festival*, de Nova Iorque, o vídeo de animação "Sobre Ela".

Na sequência, em dezembro do mesmo ano, o material audiovisual inspira a publicação do livro "Sobre ela: uma história de violência", obra reconhecida e laureada com o Prêmio Juíza Viviane Vieira do Amaral pelo Conselho Nacional de Justiça, em 2021.

Em 2022 e 2023, os novos livros, "Metendo a Colher" e "Igualdade e Progresso", também dedicados a mapear e denunciar a inaceitável e crescente violência contra as mulheres, chegam aos leitores, sem contar com o trabalho acadêmico "Violência de gênero é violação de direitos humanos: estudo sobre o crime de importunação sexual", vencedor do prêmio AMAERJ Patrícia Acioli, de Direitos Humanos.

Agora, Wagner se junta a Mariana Reade, jornalista, roteirista e escritora, especializada em impacto social, diversidade e inclusão, para que "O último dia" chegue aos palcos.

Em cena, a história de Luana, que como tantas mulheres experimenta a paixão, o projeto de um futuro amoroso, o desejo de uma família cercada de afeto, e que se vê vítima do ciclo da violência que se insinua como ciúmes, escala para a possessividade e se transforma em agressão que silencia, fulmina, mata.

Adaptar um texto para o teatro é exercício generoso e difícil de transformar uma narrativa literária em um ato coletivo, com possibilidade real de impactar a plateia e transformar o cotidiano. Não sem razão, as tragédias eram espaços potentes de educação e cultura da civilização grega.

Teatro, em suas múltiplas formas, é o lugar do encontro de muitos olhares e de múltiplas perspectivas. A conexão poderosa, quase subjetiva, faz com que os espectadores reajam de maneiras distintas às diferentes provocações do texto, da direção, dos atores e atrizes. Como aprendi com o escritor Alcione Araújo, a cultura educa a sensibilidade.

Há teatro para entreter, há teatro para encantar. Também há teatro para sensibilizar, informar e, muitas vezes, pedagogicamente, estimular a alteridade. É inacreditável a potência transformadora das cenas, sob o olhar de uma plateia que consegue se enxergar no espelho dionisíaco.

Em "O último dia", o desfile das crescentes formas de violência, narradas pela protagonista e vítima, certamente fará com que se enxergue, por meio da ficção, a intensidade da dor que a realidade tenta esconder.

Oxalá os aplausos do final do espetáculo sirvam para impulsionar as denúncias, interromper o ódio e a misoginia que machucam e matam mulheres, e apontar para uma sociedade na qual a igualdade formal se transforme em ações de respeito, afeto e igualdade.

Andréa Pachá
Magistrada e escritora

APRESENTAÇÃO

Mulheres morrem todos os dias por serem mulheres. Na letra da lei penal brasileira, o feminicídio é o homicídio cometido "contra a mulher por razões da condição de sexo feminino" (art. 121, § 2º, VI, do Código Penal).

Iluminando o assunto com números, quatro mulheres são vítimas desse delito diariamente, garantindo ao Brasil o quinto lugar no ranking mundial. As pesquisas também revelam que 70% desses crimes ocorrem dentro de casa e que, na maioria das vezes, são cometidos por companheiro, namorado ou ex. Portanto, o feminicídio ocorre todo dia, várias vezes, na maioria delas dentro do lar e é praticado por um homem que se relaciona ou se relacionou com a vítima.

A urgência e a gravidade dessa tragédia nos inspiraram a escrever esta peça, com esperança de levar conscientização e prevenção, para que mulheres possam detectar os primeiros sinais de um parceiro abusivo e, assim, evitar serem engolidas pela espiral da violência.

Acreditando que as artes e a literatura contribuem para a compreensão do mundo, usemo-las para o debate e a ação. Por isso, apresentamos "O Último Dia" e o fazemos exatamente pela vontade de que, em algum momento, ninguém tenha seu último dia determinado por terceiro – menos ainda por alguém com quem tenha se relacionado afetivamente.

Eis, pois, este roteiro, escrito a quatro mãos e que ansiamos seja lido e possa inspirar mulheres e homens a se engajarem, da forma que puderem, na luta por um mundo melhor, focado na conscientização, na prevenção e no enfrentamento da violência de gênero.

Para encerrar, nosso muito obrigado a esta mulher que é símbolo nacional e internacional do tema aqui tratado, Maria da Penha Maia Fernandes, responsável por provocar a edição da lei que leva seu nome e que abençoa este livro com o texto que consta da contracapa.

Mariana Reade e Wagner Cinelli

SINOPSE

A narrativa da peça se dá pelo ponto de vista de Luana, que está em um "tempo e espaço" diferente daquele em que se passam as cenas. Luana reflete sobre como sua relação mudou e sobre como Vladimir passou de um namorado apaixonado para um noivo ciumento, um marido possessivo e, finalmente, um agressor.

Através de cenas que contam o histórico do casal em ordem cronológica, são abordadas questões do íntimo da relação e sobre como teve início o ciclo de violência, com suas fases de tensão, agressão e perdão. A dinâmica do "perdão" permite a Vladimir manter Luana envolvida afetivamente, apesar das agressões. A dúvida sobre ser algo pontual a deixa confusa. Além disso, ela não tem coragem de pedir ajuda para ninguém. Quando sua melhor amiga percebe o que está acontecendo, faz de tudo para que Luana deixe o marido. Mas, então, Luana engravida e acredita que a paternidade será capaz de mudar Vladimir. Quando a violência aumenta em frequência e gravidade, Luana tenta deixá-lo, mas não consegue. Na última cena, uma revelação.

PERSONAGENS

LUANA

Moça de 23 anos, alegre, romântica e idealista. Sonha em se formar na faculdade de Administração e ser a primeira da família a concluir um curso universitário. Filha de pais conservadores, teve uma adolescência controlada, onde seu irmão tinha mais liberdade que ela. Começa a namorar Vladimir durante a faculdade. Luana, de temperamento calmo, não gosta de conflitos e faz de tudo para evitar discussões. No início da história, mora com o pai e a mãe em uma casa modesta em Vila Isabel.

VLADIMIR

Rapaz de 28 anos, formado em Contabilidade. Inteligente e sedutor, é também possessivo e naturaliza os ciúmes que sente de Luana. De porte atlético, é um homem bonito e vaidoso. Ambicioso, é disciplinado e almeja uma vida melhor. Trabalha como contador em um escritório de advocacia e quer estudar

Direito. De uma família modesta de Minas Gerais, teve um pai autoritário, já falecido. Sua mãe, muito religiosa, sempre foi submissa ao marido, que tomava todas as decisões. Ela mora no interior de Minas e o pouco contato que tem com o filho costuma ser por telefone.

ISABEL

Moça de 24 anos, melhor amiga de Luana. Estudaram na mesma sala desde o primário. Eram vizinhas e ingressaram juntas na faculdade. Porém, depois do primeiro ano, Isabel mudou para o curso de Psicologia. Independente e feminista, adora ler. Sonhou se casar com um namorado, de quem ficou noiva e com quem morou por alguns anos. No início, foram felizes. Com o tempo, notou que ele mudou e o relacionamento foi esfriando. Aos poucos, ela achou que as reações do noivo eram destemperadas e agressivas. Estudando Psicologia, começou a refletir sobre sua relação. Um dia, quando ele perdeu a cabeça e foi extremamente agressivo, Isabel deu um basta. Apesar de considerar que foram as atitudes dele que levaram ao fim da união, Isabel ficou destruída.

YOLANDA

Mãe de Luana, 50 anos. Do interior de Minas, é uma mulher boa e mãe dedicada. Acredita na importância da família e sempre fez de tudo para ajudar os filhos: Luana e Antônio. O filho, dois anos mais velho que a irmã, fez carreira militar e trabalha atualmente em São Gabriel da Cachoeira, no

Amazonas. Yolanda acredita na importância da independência da mulher – algo que ela não teve – e fez questão de que a filha cursasse faculdade. Costureira, dedicou vários anos de trabalho extra para conseguir pagar o estudo da filha. Ao mesmo tempo, em seu íntimo, pensa que a maternidade é a maior realização para uma mulher, devendo a profissão ficar em segundo plano.

JOAQUIM

Pai de Luana e casado com Yolanda, 55 anos. Dono de uma oficina mecânica, sabe tudo sobre consertar carros. De família portuguesa, seus pais vieram para o Brasil, onde ele nasceu. Sempre conseguiu prover uma vida digna para a esposa e os filhos, mas nunca teve dinheiro sobrando. Orgulha-se da filha estar na faculdade, mas não entende a conversa sobre feminismo e independência. Pensa que os debates da televisão e políticas atuais exageram nos temas sobre o feminismo. Por ignorar o que se passava entre quatro paredes, Joaquim repetia que seus pais tinham tido um ótimo casamento, cada um cumprindo bem seu papel.

ANTÔNIO

Irmão de Luana. Militar, vive em São Gabriel da Cachoeira. É próximo de Luana.

ÁLVARO

Colega de trabalho de Luana.

PADRE

Sacerdote que celebra o casamento de Vladimir e Luana.

ANDRÉ

Amigo de Vladimir.

CENÁRIO

O cenário não é realista. Há dois tempos: o tempo dos monólogos, no qual Luana se recorda do passado, e o tempo dos diálogos, aquele em que as cenas se passam no presente.

Nos monólogos, o palco está vazio e Luana está sob um foco de luz.

Nos diálogos, há um cenário minimalista, que possibilita a transição rápida das cenas.

CENA 1

PALCO VAZIO

LUANA ESTÁ SOZINHA NO PALCO. DURANTE SEU MONÓLOGO, ESTÁ EM UM TEMPO DISTINTO DAS OUTRAS CENAS.

LUANA Era um mar de lama. Eu tentava sair, mas não conseguia. Eu sabia que precisava sair. Sabia que aquilo tudo estava me destruindo. Mas, antes de dormir, a cada noite, eu acreditava na mudança. Depois de cada briga, seu pedido de perdão me fazia crer na promessa de felicidade. Aquele homem apaixonado, protetor, sedutor... era ele que eu enxergava em meu futuro. Era ele que eu havia conhecido em um dia de sol. Eu não queria o fracasso. E sair, desistir, assumir o que estava acontecendo me jogava no fracasso. (PAUSA) Bom, era assim que eu via. Hoje – de longe – vejo que o fracasso não é nada. Um pensamento equivocado? Uma ideia boba de sucesso que se vê nas redes sociais, onde a vida é perfeita e os casais são felizes? Demorei muito tempo pra querer sair. Era um querer sem querer, um mudar de ideia a cada dia... sentimentos misturados. Paixão e medo. Sexo e dor. Esperança e fim. Não é simples. Acho que só quem vive esse pesadelo compreende por que é tão difícil sair. Eu quis sair. Mas, afinal, era lama... a cada tentativa de ir embora, eu afundava um pouco mais, como areia movediça. O tempo foi passando, tudo se repetia. (LEMBRANDO DE MOMENTOS RUINS) A única saída é desistir. Quando a violência acontece, não há volta. Ou, se houver, é como ganhar na loteria: uma probabilidade muito baixa, que quase nunca acontece. E tudo bem fracassar. A vitória está em aceitar nossos fracassos e mudar de direção, recomeçar. (MUDA O CLIMA, MEMÓRIA BOA)

RUÍDOS DE ONDAS DO MAR.

LUANA Era um dia de sol. Era final do verão no Rio, águas de março. Tinha chovido a noite inteira. Me lembro das poças em que pisei no caminho para a praia. Meus biquínis estavam molhados no varal... Por isso vesti meu maiô cinza. Era sem graça aquele maiô... Acho que por isso eu tava me sentindo discreta demais, nada sensual. Eu e Isabel nos encontramos na esquina da praia, como sempre fazíamos. Ela foi embora mais cedo porque precisava estudar para uma prova. Eu fiquei pra ver o pôr do sol, e aquele entardecer mudou a minha vida.

MÚSICA FAZ PASSAGEM DE TEMPO ENTRE CENA NARRAÇÃO E CENA DIÁLOGO.

LUZES SE APAGAM.

CENA 2

PRAIA | DIA

BARULHO DE ONDAS. VOZES DE CRIANÇAS BRINCANDO. LUZES SE ACENDEM DEVAGAR.

VLADIMIR E LUANA ESTÃO PARADOS SE OLHANDO COM ENCANTAMENTO.

LUANA Bom, eu preciso ir. A gente se vê.

VLADIMIR (SIMPÁTICO e SEDUTOR) A gente se vê (PAUSA) quando?

LUANA RI.

LUANA Qualquer dia desses... Eu venho sempre aqui.

VLADIMIR (ROMÂNTICO) Por que confiar no destino?

LUANA RI, MEIO TÍMIDA E ACHANDO GRAÇA.

VLADIMIR (DECIDIDO) Luana, você gosta de sorvete?

LUANA Adoro!

VLADIMIR Qual é o teu sabor preferido?

LUANA (RINDO) Chocolate com morango.

VLADIMIR Você pode amanhã às cinco? Na sorveteria nova, sabe? Na rua de trás.

LUANA RI, NA DÚVIDA, NÃO RESPONDE.

VLADIMIR Faz assim. Estarei lá às 17h. Aparece lá!

LUZES SE APAGAM.

MÚSICA DE PASSAGEM DE TEMPO.

CENA 3

QUARTO LUANA | CASA DE YOLANDA e JOAQUIM | DIA

LUANA E ISABEL CONVERSAM ANIMADAS.

ISABEL   Apaixonada?

LUANA   Isabel, ele é o amor da minha vida. É tudo perfeito. Não sei, nunca vivi nada parecido!

ISABEL   (RINDO) Que rápido!

LUANA   O amor não tem tempo! (SIMPÁTICA) Você tá perdendo teu romantismo por causa do ex?

ISABEL   Não, não tô não. (RINDO) Devo ser só mais devagar que você.

LUANA   Ih, amiga, estou te achando negativa.

ISABEL   Não, imagina! Só estou surpresa com esse amor relâmpago! (PAUSA) E... acho o Vladimir um tipo possessivo...

LUANA (ROMÂNTICA) Que possessivo que nada! Ele é só um homem protetor. Pode ser que exagere um pouco às vezes, mas não é nada demais.

ISABEL Não sei... Lembra quando meu noivo começou a se comportar como se fosse meu dono? Parece *déjà vu*.

LUANA Desencana, mulher! (RINDO) Acho que você é que tá sendo possessiva com a amiga!

LUANA A ABRAÇA.

LUANA Homem nenhum interfere na nossa amizade!

LUANA RI, ENQUANTO ISABEL LEMBRA DO SEU EX-NAMORADO. PASSAGEM DE TEMPO.

CENA 4

PRAIA | ENTARDECER

MÚSICA IGUAL À DA CENA 2.

NA MESMA POSIÇÃO QUE NA CENA 2, LUANA E

VLADIMIR SE OLHAM COM ENCANTAMENTO.

VLADIMIR (ROMÂNTICO) Com você, me sinto mais tudo, a vida pulsa, o coração bate forte. (PAUSA) Você é o amor da minha vida. (FAZENDO SUSPENSE) Quero te perguntar uma coisa.

OS OLHOS DE VLADIMIR FITAM OS DE LUANA.

LUANA Fala, ué!
VLADIMIR Casa comigo?

LUANA SE SURPREENDE, RESPIRA FUNDO. ELA SORRI E CONTINUA EM SILÊNCIO.

VLADIMIR Você quer?
LUANA (INDECISA) Quero, mas//
VLADIMIR (INTERROMPE) Luana, eu sempre acreditei que, para um homem ser feliz, precisa encontrar sua metade. Eu sempre compreendi a importância do amor.

LUANA OUVE, SURPRESA E APAIXONADA. VLADIMIR A BEIJA.

VLADIMIR Você foi feita para mim. É como se eu estivesse te procurando a vida inteira. E agora eu te encontrei.

LUANA (CARINHOSA) A gente namora há pouco tempo. Quero concluir a faculdade.

VLADIMIR Isso não muda nada. Você pode terminar a faculdade estando casada. Você é o amor da minha vida, quero você como mãe dos meus filhos. Eu quero fazer a vida com você.

LUANA SUSPIRA. VLADIMIR SE APROXIMA E A BEIJA. OS DOIS DANÇAM, FELIZES E APAIXONADOS.

CENA 5

COZINHA | CASA YOLANDA e JOAQUIM | NOITE

LUANA E YOLANDA ESTÃO COZINHANDO JUNTAS.

YOLANDA Minha filha, você ama o Vladimir. Ele te ama, é um bom rapaz, honesto e trabalhador. Por que adiar?

LUANA (RINDO) Mãe, a gente namora só tem sete meses!

YOLANDA Eu e seu pai nos casamos rápido também.

LUANA Era outra época. Quero terminar minha faculdade.

YOLANDA Ué, você não pode terminar a faculdade estando casada? (PENSANDO) Eu e seu pai vamos ficar tão...

LUANA OLHA COM CARA DE INTERROGAÇÃO.

YOLANDA   Tranquilos... Felizes em te ver casada! A gente já não tem família aqui no Rio. Teu irmão mudando de uma base militar pra outra, as tias em Minas já velhinhas...

LUANA   Não sei, mãe, eu amo o Vladimir, mas foi tudo tão rápido!

YOLANDA   Então, termina a faculdade primeiro, ué.

LUANA   Faltam dois anos. (REFLETINDO) E, de alguma forma, me sinto meio pressionada... Quero me casar com ele, mas depois da faculdade, sem pressa.

YOLANDA   Pressionada como?

LUANA   Não sei, ele quer se casar LOGO. Não entendo essa pressa.

YOLANDA   Você o ama?

LUANA   Sim, mãe, tenho certeza. (SUSPIRA APAIXONADA)

YOLANDA   (ANIMADA COM SUA IDEIA) Propõe um noivado, então! Casamento com data marcada pra daqui a dois anos! Que tal? Acho que ele vai ficar mais calmo assim. Mais seguro, sabe?

LUANA   Pode ser. (TENTANDO ENTENDER) Mais seguro?

YOLANDA   Ele é ciumento?

LUANA NÃO RESPONDE.

YOLANDA O noivado é uma boa ideia, vai ser bom pra vocês.

LUANA PENSA EM OUTRA COISA.

LUANA O papai, algum dia, foi ciumento com a senhora, no início do namoro?

YOLANDA Sim, todo homem é um pouco ciumento. É normal minha filha. É assim mesmo.

LUANA FICA EM SILÊNCIO, EM DÚVIDA.

YOLANDA (ANIMADA) Pensa sobre o noivado! A gente organiza um jantar, convida as famílias, suas tias de Minas, todo mundo vai vir. Pro noivado da única irmã, com certeza teu irmão consegue uma licença para passar uns dias em casa!

LUANA RI.

LUANA Mãe, a senhora não perde tempo pra inventar uma festa!

YOLANDA Bolo decorado, ah, filha, não é um casamento, mas é compromisso. Eu faço o vestido, claro. Você vai ficar linda!

CENA 6

QUARTO LUANA | CASA YOLANDA e JOAQUIM | DIA

ISABEL E LUANA ESTÃO SENTADAS PRÓXIMAS, NA CAMA DE LUANA.

LUANA   Pergunta importante, amiga: o que você vai fazer em dezembro de 2027?

ISABEL   (RINDO) Que pergunta doida é essa?

LUANA   Aceita ser minha madrinha de casamento?

ISABEL   (ENGASGA, RINDO) Casamento? Em 2027?

LUANA   (RINDO) Hahaha, só com um pouquinho de antecedência.

ISABEL   (CURIOSA) Como assim?

LUANA   O Vladimir me pediu em casamento. Eu quero terminar a faculdade antes. Vamos noivar e deixar a data marcada.

ISABEL		Por que tanta pressa?
LUANA		Eu não tô com pressa, né, amiga? (RINDO) Tô falando em 2027!
ISABEL		(RINDO) Quero dizer, por que já deixar tudo marcado? Não é meio... não sei, apressado, namorando há pouco tempo?
LUANA		(CARINHOSA) Para de ser negativa!
ISABEL		Tá, desculpa. Não quero parecer... Só estranhei o noivado rápido. (SURPRESA) Você tá grávi//
LUANA		(INTERROMPENDO) Não!
ISABEL		Certeza?
LUANA		Certeza! Só tô, sei lá, apaixonada.

ISABEL ABRAÇA LUANA.

ISABEL		Claro que aceito ser tua madrinha! Já vou pensar no vestido! (DIVERTIDA) Pode ser amarelo?
LUANA		Colorido, preto, o que você quiser! (RINDO) Até branco!
ISABEL		Dezembro de 27. Você é bem doida, Luana! O sexo é tão bom assim?

LUANA RI.

LUZES SE APAGAM. MÚSICA FAZ TRANSIÇÃO ENTRE CENA DIÁLOGO E CENA NARRAÇÃO.

CENA 7

PALCO VAZIO

LUANA SOZINHA NO PALCO. DURANTE SEU MONÓLOGO, ESTÁ EM UM TEMPO DISTINTO DAS OUTRAS CENAS.

LUANA Não me lembro bem quando ele mudou. Ele era tão romântico e intenso... hoje me pergunto se ele deu algum sinal. Acho que a primeira vez foi na minha festa de formatura da faculdade. Eu estava radiante... e foi um banho de água fria... Tinha um lado protetor de que eu gostava; ele me confundia.

CENA 8

CASA DE FESTA EM VILA ISABEL | NOITE

LUANA E VLADIMIR ESTÃO NO FINAL DA FESTA DE FORMATURA DA FACULDADE.

LUANA USA UM VESTIDO ELEGANTE E SENSUAL, ESTÁ MAQUIADA E COM CABELO PRESO. VLADIMIR ESTÁ EMBURRADO.

LUANA Precisava falar desse jeito?

VLADIMIR E precisava o Armando te abraçar daquele jeito?

LUANA Ele é meu melhor amigo desde criança. Estudamos juntos, fizemos a faculdade inteira juntos. Vladimir, eu sou a (PONTUANDO CADA SÍLABA) primeira da minha família a fazer faculdade. Você sabe o que isso representa?

VLADIMIR (CHATEADO) Sinceramente, Luana, não entendo como//

LUANA (INTERROMPE) A gente preparou o discurso juntos. Todo mundo aplaudiu, o pessoal se emocionou. Formandos, famílias, professores. E você?

VLADIMIR (DOCE) Só quis te proteger. Aquele bando de homem te abraçando...

LUANA (RINDO) Eles SÓ estavam me dando parabéns. Colegas e professores.

LUANA SEGURA SUAS MÃOS.

LUANA Tenta entender. Eu te amo, Vladimir. Sou tua noiva, esqueceu?

VLADIMIR Claro que não esqueci.

VLADIMIR A ABRAÇA, SEDUTOR.

VLADIMIR (FAZENDO ESFORÇO) Desculpa, Luana. Teu discurso foi lindo, sim. E eu tô muito orgulhoso de você.

LUANA E o melhor de tudo, Vladimir, eu vou arranjar um trabalho legal!

VLADIMIR SE IRRITA DE NOVO E TENTA NÃO DEMONSTRAR. LUANA FINGE QUE NÃO PERCEBEU.

LUZES SE APAGAM. MÚSICA FAZ PASSAGEM DE TEMPO ENTRE CENA DIÁLOGO E CENA NARRAÇÃO.

CENA 9

PALCO VAZIO

LUANA ESTÁ SOZINHA NO PALCO. DURANTE SEU MONÓLOGO, ESTÁ EM UM TEMPO DIFERENTE DAS OUTRAS CENAS.

LUANA Era meu trabalho dos sonhos. Eu era a primeira da família a terminar a universidade. Foram tantos currículos e entrevistas que não deram em nada... e quando eu já estava a ponto de desistir, recebi o telefonema do banco. Meus pais vibraram comigo, orgulhosos. Liguei pro Vladimir e disse que a gente precisava se encontrar naquela noite; tinha algo especial pra contar. (PAUSA) Era uma noite fria. Agora, olhando para trás, percebi – por um milésimo de segundo – seu incômodo. Ele não falou nada negativo, não. (PAUSA, SE LEMBRANDO) Mas por trás dos parabéns, havia um desconforto. Na hora, não percebi. No início, o ciúme te engana. Parece proteção, paixão. Sei lá, um sentimento escorregadio, escondido em pequenas coisas. Hoje, vejo que a proteção era só disfarce. Foram anos de ciúmes considerados normais. (DIZ LENTAMENTE CADA PALAVRA, COMEÇANDO FORTE E DIMINUINDO A INTENSIDADE NA MEDIDA EM QUE FALA) Ciúme, briga, sedução e paixão. Ciúme, briga, sedução e paixão. Ciúme, briga...

CENA 10

SAÍDA DO BANCO | NOITE

LUANA E SEU COLEGA ÁLVARO SAEM PELA PORTA PRINCIPAL DO BANCO ONDE TRABALHAM.

ESTÃO CONVERSANDO QUANDO VLADIMIR OS INTERROMPE E SE COLOCA DE FORMA ABRUPTA NA FRENTE DOS DOIS.

LUANA LEVA UM SUSTO. VLADIMIR A BEIJA.

LUANA (SURPRESA) Vladimir! O que você tá fazendo aqui?

VLADIMIR Não vai me apresentar ao teu colega?

LUANA Claro! É o Álvaro. Ele trabalha no administrativo. (SIMPÁTICA) Também é de Vila Isabel. (OLHANDO PARA ÁLVARO) Álvaro, este é o Vladimir.

ÁLVARO (ESTENDENDO A MÃO, SIMPÁTICO) Oi, Vladimir, tudo bem?

VLADIMIR O CUMPRIMENTA DE FORMA SECA.

ÁLVARO Luana sempre fala de você.
VLADIMIR Hum.

ÁLVARO PERCEBE O CLIMA TENSO.

ÁLVARO Bom, eu vou indo.
LUANA (PARA VLADIMIR) Você tá de carro? A gente pode dar carona para o Álvaro, ele mora perto.
VLADIMIR Mas a gente precisa passar na loja das luminárias.

LUANA SE SURPREENDE, MAS NÃO DEMONSTRA.

ÁLVARO Obrigado, Luana, mas não vou pra Vila Isabel agora. Preciso fazer umas compras pra minha mãe. Tchau, Vladimir! Prazer.
VLADIMIR (SECO) Tchau.

ÁLVARO SAI.

CENA 11

SALA | CASA YOLANDA e JOAQUIM | NOITE

LUANA E VLADIMIR ESTÃO DE PÉ, SOZINHOS NA SALA. ELE ESTÁ CHATEADO, E ELA TENTA ACALMÁ-LO.

VLADIMIR Você sempre vai embora do trabalho com ele?

LUANA (PACIENTE) Vladimir, é a terceira vez que você tá me perguntando a mesma coisa. A gente só anda junto até o metrô.

VLADIMIR Então eu vou te buscar de carro.

LUANA Não precisa.

VLADIMIR (DOCE) Meu amor, eu tenho carro. Eu vou adorar te buscar.

LUANA Vladimir, obrigada, mas é longe, não precisa.

VLADIMIR Não acho bom você ficar andando com o Álvaro, que tá na cara que está dando em cima de você.

LUANA (DOCE) Ele não dá em cima de mim.

VLADIMIR (PROTETOR) Esses caras são uns lobos, Luana. LOBOS. Você não percebe, é muito inocente.

LUANA (ENFRENTANDO) E mesmo se fosse, e daí? Eu não quero nada com ele.

VLADIMIR (PROTETOR) Não admito ninguém dando em cima de mulher minha.

LUANA (APAZIGUANDO) Vladimir, ele não fez nada.

VLADIMIR Não fez, mas vai fazer. Eu conheço, Luana, eu conheço isso de homem lobo. E ele é um.

LUANA Você dá em cima de toda mulher que você conhece?

VLADIMIR (CHATEADO) Eu conheço o tipo, Luana. Sei do que tô falando.

LUANA Você tá irritado comigo? Eu não fiz nada.

VLADIMIR (CONCILIADOR) Só quero que você saia de perto desse cara. Só isso. Promete que nunca mais vai com ele até o metrô?

VLADIMIR A ABRAÇA E A BEIJA. LUANA SE DEIXA ABRAÇAR.

CENA 12

IGREJA | DIA

A IGREJA ESTÁ DECORADA DE FLORES BRANCAS.

O NOIVO, IMPECÁVEL, ESTÁ NO ALTAR E OLHA PARA O RELÓGIO A CADA INSTANTE. TODOS OS CONVIDADOS ESTÃO SENTADOS E AGUARDAM A CHEGADA DA NOIVA, QUE ESTÁ ATRASADA.

A MARCHA NUPCIAL COMEÇA A TOCAR QUANDO A NOIVA CHEGA NA PORTA DA IGREJA. LUANA E SEU PAI ENTRAM DE BRAÇOS DADOS. TODOS IMEDIATAMENTE SE LEVANTAM. A MÃE DA NOIVA SUSPIRA. LUANA E SEU PAI CAMINHAM LENTAMENTE ATÉ O ALTAR. O PAI ENTREGA LUANA A VLADIMIR.

VLADIMIR (FELIZ) Você atrasou. Fiquei preocupado.

LUANA DÁ UM MEIO SORRISO.

VLADIMIR (APAIXONADO) Você está linda! Você é a minha vida, meu amor.

LUANA SORRI, APAIXONADA.

A MÚSICA TOCA ENQUANTO O PADRE FALA.

PADRE Vladimir, você aceita Luana como sua legítima esposa?

VLADIMIR (SORRINDO) Sim.

PADRE Luana, você aceita Vladimir como seu legítimo esposo?

LUANA (SORRINDO) Sim.

PADRE Eu vos declaro marido e mulher, até que a morte os separe.

TOM DE VOZ CRESCENTE, COM ÊNFASE NO "ATÉ QUE A MORTE OS SEPARE".

PADRE Agora os noivos podem se beijar.

VLADIMIR A BEIJA E, EM SEGUIDA, SUSSURA EM SEU OUVIDO.

VLADIMIR (ROMÂNTICO) Agora você será minha para sempre.

LUANA SORRI, APAIXONADA.

LUZES SE APAGAM. MÚSICA ALEGRE FAZ PASSAGEM DE TEMPO ENTRE CENA CASAMENTO E CENA NARRAÇÃO.

O Último Dia

CENA 13

PALCO VAZIO

LUANA ESTÁ SOZINHA NO PALCO. DURANTE SEU
MONÓLOGO, ESTÁ EM UM TEMPO DIFERENTE DAS
OUTRAS CENAS.

LUANA Era o primeiro ano de casamento. Eu tava com o café na mão. Ele gritou, não me lembro o que disse. Derramei o café. Quando me dei conta, estava no chão, recolhendo os pedaços da xícara que minha tia-avó havia nos dado de presente de casamento. Eu nunca esqueci daquele primeiro tapa. Mais do que a dor, senti um frio percorrer minha espinha. Era o medo da linha ter sido cruzada. Eu me perguntava se teria jeito. Quando solteira, nunca convivi com isso dentro de casa. Mas, quando criança, me lembro que escutava os gritos da vizinha que morava no apartamento ao nosso lado. Na época, não entendia bem, mas hoje sei que ela estava sendo espancada. Eu morria de medo e chamava meu pai, dizia que ele precisava ajudar a Tia Wanda. Mas meu pai respondia que não podíamos nos meter em briga de marido e mulher. Eu tinha vontade de ir lá, buscar Tia Wanda e trazê-la para dormir em meu quarto. Eu gostava dela, era mais velha que minha mãe e me dava bolo de chocolate. Seus filhos já não moravam com eles. Acho que eu tinha uns nove anos, pode ser que oito. Nunca ajudei a Tia Wanda, mas nunca esqueci o seu choro. Tinha medo do marido dela. (PAUSA. LUANA SE LEMBRA DO PASSADO) Naquele primeiro dia, só conseguia pensar que o fracasso era meu. Era o fim do meu casamento. Aquele homem por quem eu havia me apaixonado... (SUSPIRA)

O príncipe virou sapo. E agora? Era como se o tempo tivesse parado. Por Deus, eu queria que o tempo voltasse. Não me mexi nem disse nada. Foi ele quem começou a falar, eu nem conseguia ouvir. Fiquei sentada no chão, totalmente impotente. Tempo que não volta. Continuei em silêncio. (DEVAGAR, COM AMARGOR EM UM SUSPIRO LAMENTOSO) Continuei em silêncio até o final da minha vida.

LUZES SE APAGAM.

MÚSICA FAZ PASSAGEM DE TEMPO ENTRE CENA NARRAÇÃO E CENA DIÁLOGO.

CENA 14

QUARTO CASAL | CASA VLADIMIR e LUANA | DIA

LUANA SE OLHA NA FRENTE DO ESPELHO DO ARMÁRIO.

VLADIMIR   Nossa, você tá maravilhosa! (ELE A BEIJA) Que sorte eu tenho!

LUANA   (RINDO) Você é meio parcial!

VLADIMIR   (SEDUTOR, BRINCANDO) Mas melhor não ir com essa roupa pra praia. É muito transparente, então só pode usar comigo!

LUANA   (RINDO) Tudo bem, é só uma saída de praia, por isso é transparente.

VLADIMIR   Não, meu amor, tô falando sério. (DOCE) Não quero você usando roupa transparente na rua.

LUANA   (BRINCANDO COM ELE) Vladimir, é sério isso? A gente tá indo para a praia! Todo mundo usa essas roupas.

VLADIMIR   (CHATEADO, OLHANDO PARA O ESPELHO) Olha isso, Luana.

LUANA   (SURPRESA) Olha o quê?

VLADIMIR   É trans-pa-ren-te.

LUANA   (DOCE) Eu só tenho olhos pra você.

VLADIMIR   Então, por favor, tira. Troca de roupa, meu amor.

LUANA FICA NA DÚVIDA. VLADIMIR MUDA O TOM.

VLADIMIR   (CHATEADO) Não tem necessidade disso, Luana.

LUANA   Você tem ciúmes de tudo. Isso não é normal.

VLADIMIR Normal? Agora eu que sou anormal? (PERDE A CALMA) Isso parece roupa de vaga... (PARA A PALAVRA NO MEIO)

LUANA   (CHOCADA) Roupa de quê?

VLADIMIR SUSPIRA FUNDO, TENTA SE ACALMAR. LUANA, OFENDIDA, DÁ UM PASSO PRA TRÁS.

LUANA   (BRAVA) Você tá me agredindo.

VLADIMIR (CALMO) Só estou tentando te proteger.

LUANA   Não!!!!! Você tá ficando doido, não sei o que tá acontecendo! Você não decide a roupa que eu uso!

VLADIMIR (TENTANDO SE CONTROLAR) Eu sou TEU marido, Luana. Não posso falar nada? Que tipo de casamento é esse?

LUANA   (EXPLODINDO) Não sei. Sinceramente, desde que a gente se casou, você não me deixa dar um passo.

VLADIMIR (AUTORITÁRIO) Você é minha mulher, Luana. E jurou fidelidade.

LUANA   (BRAVA) Eu sou fiel, mas também sou livre. E posso escolher a roupa que eu uso. Não VOCÊ.

AO OUVIR O NÃO, VLADIMIR PERDE A CALMA E A EMPURRA VIOLENTAMENTE. ELA QUASE CAI, MAS SE EQUILIBRA E SE AFASTA.

VLADIMIR   (AGRESSIVO) Ah, é, você escolhe?

LUANA OLHA PARA VLADIMIR E SAI ANDANDO PRA LONGE DELE. RESPIRA FUNDO, TENTA SE ACALMAR E PEGA UMA XÍCARA DE CAFÉ QUE ESTÁ NA MESINHA DE CABECEIRA. VLADIMIR A PUXA COM FORÇA, A XÍCARA CAI NO CHÃO E ELE RASGA – DE PROPÓSITO – A SAÍDA DE PRAIA QUE ELA ESTÁ VESTINDO. DEPOIS DE RASGAR, JOGA NO CHÃO. VLADIMIR GRITA ALGUMA COISA, MAS NÃO DÁ PARA ENTENDER O QUE ELE DIZ.

LUANA, LENTAMENTE, SE SENTA NO CHÃO PARA RECOLHER OS PEDAÇOS DA XÍCARA. ELA TOCA A SAÍDA DE PRAIA RASGADA E NÃO OLHA PARA VLADIMIR.

ELE SE DÁ CONTA DE QUE ELA NÃO ESTÁ PRESTANDO ATENÇÃO, SE ENFURECE E DÁ UM TAPA EM SEU ROSTO.

VLADIMIR SE SURPREENDE COM ELE MESMO, FICA IMÓVEL.

LUANA VAI FALAR ALGO, MAS NÃO CONSEGUE. FICA PARALISADA.

ENTRA MÚSICA.

LUZES SE APAGAM.

CENA 15

QUARTO CASAL | CASA VLADIMIR e LUANA | NOITE

PASSAGEM DE TEMPO E CONTINUAÇÃO DA CENA ANTERIOR. ELES ESTÃO USANDO AS MESMAS ROUPAS.

VLADIMIR TENTA SE APROXIMAR. LUANA DÁ UM PASSO PARA TRÁS.

VLADIMIR (DESESPERADO) Luana, você sabe que eu te amo. Você é a minha vida. Você é tudo pra mim. Por favor, me perdoa.

LUANA, EM CHOQUE, CONTINUA EM SILÊNCIO.

LUANA Acabou.

VLADIMIR (CHOCADO) Como?

LUANA Nosso casamento, Vladimir, acabou. Estou indo embora.

VLADIMIR (EM PÂNICO) Por uma briga? Por um momento em que perdi a cabeça? (SE DÁ CONTA E MUDA O TOM, CARINHOSO)

Todo mundo perde a calma uma vez na vida. Você é bonita demais, não sei, fico pensando nesses homens todos te olhando e meu sangue esquenta... (TENTA SE ACALMAR, MUDA O TOM) Você não percebe, Luana...

ELE SE APROXIMA DEVAGAR, TOCA LENTAMENTE AS MÃOS DE LUANA. BEIJA CARINHOSAMENTE SEU CABELO, SEU ROSTO, SUA NUCA. LUANA SE AFASTA, TENTA RESISTIR.
VLADIMIR DELICADAMENTE DÁ UM PASSO PARA TRÁS.

VLADIMIR Você sabe que eu te amo. Você é a única mulher que eu amo, amei e amarei para sempre. Faço qualquer coisa pra você me perdoar. Desistir de tudo por uma briga, Luana?

LUANA Você chama isso de briga? Você me bat//

VLADIMIR (INTERROMPENDO, CALMO) Eu só perdi o controle. A gente tem a vida pela frente. Filhos, futuro, família. A gente tem tantos sonhos juntos! Pelo amor que você tem a Deus, me perdoa.

LUANA Eu nunca imaginei//

VLADIMIR (INTERROMPENDO) Luana, nenhum casamento é perfeito. Todo mundo perde a cabeça uma vez na vida. Você acha que os outros casamentos são contos de fadas?

LUANA Conto de fadas, não. Mas acho que é possível viver uma vida normal.

VLADIMIR Normal?

LUANA Sem agressão, Vladimir. Sem humilhação.

VLADIMIR Eu nunca te humilharia, meu amor.

LUANA E isso que aconte?//

VLADIMIR (INTERROMPENDO, ROMÂNTICO) Por favor, me perdoa. Eu faço o que você quiser para você me perdoar. Sou louco por você. Você não entende? Você é a minha vida. Sem você (PAUSA) eu não sou nada, ninguém. Minha vida mudou depois que eu te conheci. Tudo passou a ter outro sabor, estar com você, as noites...

LUANA Eu não quero ter medo de vo//

VLADIMIR (INTERROMPENDO, DOCE) Eu nunca te faria mal. Eu só me descontrolei. Eu te juro, te juro por tudo o que é mais sagrado nesta vida que isso nunca mais vai acontecer.

LUANA (DECIDIDA) Vou dormir hoje na casa dos meus pais.

VLADIMIR (DOCE, PEGA AS MÃOS DE LUANA) Me escuta: eu não existo sem você. Não sei, você me enlouquece de amor. Acredita em mim. Uma briga. Isso não quer dizer nada.

LUANA DERRAMA UMA LÁGRIMA. ELE SE APROXIMA. ELA TENTA RESISTIR, MAS CEDE E SE DEIXA ABRAÇAR. VLADIMIR A PEGA NO COLO E A BEIJA DEVAGAR.

ENTRA MÚSICA. OS DOIS SE ABRAÇAM LENTAMENTE ENQUANTO A LUZ SE APAGA.

CENA 16

PRAIA | DIA

LUANA E ISABEL CAMINHAM PELA PRAIA. ISABEL ACHA QUE LUANA ESTÁ ESCONDENDO ALGO.

ISABEL   Tá tudo bem mesmo, Luana? Não sei o que é, parece que agora te conheço menos.

LUANA   Imagina, Isabel. É só a vida corrida mesmo. O trabalho, a casa, o marido... mal sobra tempo pra mim.

ISABEL   (COM ESFORÇO) E como tá a vida de casada?

LUANA   Tudo bem. Por que a pergunta?

ISABEL   Sei lá, você gosta de contar tudo. E não fala muito sobre o Vladimir. Como tá o dia a dia e//

LUANA   (INTERROMPENDO) Tudo bem, Isabel, é só correria mesmo.

E você, conheceu alguém?

ISABEL   Conheci, sim.

LUANA OLHA SURPRESA E FELIZ.

LUANA E????

ISABEL (FAZENDO MISTÉRIO) Ainda não vou te contar!

LUANA Como assim?

ISABEL A gente tá se conhecendo...

LUANA (RINDO) Isabel, que mistério todo é esse?

ISABEL Como assim mistério?

LUANA (ANIMADA) Ah! Fala mais da nova paixão!

ISABEL Tá! A gente se conheceu pelo Tinder. Eu implicava com esses aplicativos. Mas aí tava à toa e acabei mexendo daqui, mexendo dali, até que surgiu alguém interessante.

LUANA Vocês já se encontraram?

ISABEL (RINDO) Curiosa...

LUANA Já ou não?

ISABEL Jááá!

LUANA Conta mais!

ISABEL Outro dia eu conto. Agora que falei, quero saber mais dos TEUS mistérios.

LUANA Mistério nenhum. Só mesmo coisas de casal, mas que acabam me chateando.

ISABEL Puxa, amiga! Não vai me dizer que o Vladimir fez alguma besteira.

LUANA   Como te disse, coisas de casal mesmo.

AS AMIGAS SE ENTREOLHAM E VÃO EMBORA, ANDANDO EM SENTIDOS OPOSTOS. LUANA COM AR DE SOFRIDA E ISABEL COM SEMBLANTE DE PREOCUPAÇÃO.

LUZES SE APAGAM. MÚSICA FAZ PASSAGEM DE TEMPO ENTRE CENA DIÁLOGO E CENA NARRAÇÃO.

O Último Dia

CENA 17

PALCO VAZIO

LUANA ESTÁ SOZINHA NO PALCO.

LUANA Não sei quando percebi que aquilo se tornou recorrente. Ele se achava meu dono. Talvez a cena mais marcante tenha sido quando ele me apontou o dedo dizendo: "Coloque-se no seu lugar". (PAUSA) Até então, não passava pela minha cabeça que ele podia pensar que mandava em mim. Quando ele pediu perdão, na primeira vez, eu acreditei. Achei que tudo ficaria bem. Se eu soubesse... mas eu acreditei mais nele que em mim. Mais nele que na minha intuição. Mais nele. Sempre mais nele. (SUSPIRO TRISTE)

MÚSICA FAZ PASSAGEM DE TEMPO ENTRE CENA NARRAÇÃO E CENA DIÁLOGO.

CENA 18

QUARTO CASAL | CASA VLADIMIR e LUANA | DIA

LUANA, FELIZ, ESTÁ MOSTRANDO SUA BARRIGA PARA VLADIMIR E FAZENDO UM GESTO QUE DÁ A ENTENDER QUE ESTÁ GRÁVIDA.

VLADIMIR (FELIZ) Você tá grávida? Eu vou ser pai?

LUANA (DOCE) Sim!!!!!

VLADIMIR SE EMOCIONA E OS DOIS SE ABRAÇAM, FELIZES.

VLADIMIR Luana, que emoção, que, sei lá... Nossa!

ELE A ABRAÇA.

VLADIMIR Eu não podia estar mais feliz. Meu Deus, que bênção! Você vai ser a melhor mãe do mundo!

LUANA (RINDO) Que isso, Vladimir!

DELICADAMENTE, ELE PASSA A MÃO EM SUA BARRIGA E A BEIJA. LUANA SORRI, FELIZ.

VLADIMIR Sabe de uma coisa? Com a minha promoção, o novo salário, vai ser bem tranquilo você deixar teu trabalho. (FELIZ) Parece mesmo que este bebê está nos trazendo sorte!

LUANA (SURPRESA) Mas, Vladimir, eu vou ter licença-maternidade.

E a licença no banco é de seis meses.

VLADIMIR (NEUTRO) E, depois dos seis meses, você vai fazer o que com o bebê?

LUANA EM SILÊNCIO, DECEPCIONADA.

VLADIMIR Que foi, Luana?

LUANA Sei lá, achei que você tinha ficado feliz com a notícia.

VLADIMIR (DOCE) Claro que sim, meu amor, não podia estar mais feliz! Você é a mulher da minha vida e vai ser mãe do meu filho. Ou filha. (MUDANDO O TOM) Mas achei que era óbvio, sei lá, natural. Eu acabei de ter uma promoção e você ficou grávida. Olha que sorte! Agora que a gente tem uma situação mais estável, você pode parar de trabalhar.

LUANA (INDECISA) Vladimir, é que, não sei... eu adoro trabalhar. Não é só pelo dinheiro. Entende?

VLADIMIR Luana, você vai ser uma mãe maravilhosa. Tudo vai se ajeitar.

Trabalho, você volta depois, quando for a hora certa.

LUANA FICA RESSABIADA, DÁ UM PASSO PARA TRÁS.
VLADIMIR TENTA BEIJÁ-LA. ELA RESISTE, MAS CEDE.

CENA 19

PARQUE DE DIVERSÕES | DIA

LUANA ESTÁ COMENDO UMA MAÇÃ DO AMOR.

LUANA (SABOREANDO) Obrigada, Vladimir, eu adoro vir aqui!

VLADIMIR Luana, quero te pedir desculpas por ontem. Claro que você decide se vai trabalhar. (SEGURA AS MÃOS DE LUANA) Sei que às vezes pareço autoritário, mas tudo o que faço é pensando em te proteger. Quero que você entenda isso.

LUANA (FELIZ) Então, promete que vai parar de ser ciumento?

VLADIMIR Prometo, Luana. E prometo também que serei o homem mais feliz do mundo por ter um filho com você!

VLADIMIR A ABRAÇA.

DE FORMA NÃO REALISTA, COM MÚSICA E PROJEÇÕES, VLADIMIR E LUANA SE DIVERTEM EM UM PARQUE DE DIVERSÕES.

CENA 20

SALA | CASA LUANA e VLADIMIR | NOITE

ISABEL ENTRA COM VÁRIOS PACOTES. LUANA, FELIZ, SORRI E ABRAÇA A AMIGA.

LUANA   O que é tudo isso?

ISABEL   Quando você me contou que vou ter uma afilhada, não resisti! Fiz as primeiras compras!

LUANA, ANIMADA, CONVERSA ENQUANTO ABRE OS PACOTES.

LUANA   Meu Deus, obrigada! Tá doida? Você comprou o enxoval inteiro?

ISABEL	Não, só umas coisinhas!
LUANA	(RINDO) Adivinha onde o Vladimir me levou ontem?
ISABEL	Parque de diversão, de novo?
LUANA	Eu sei que você acha ele muito ciumento, mas ele tá se esforçando, Isabel. Acho que ele vai ser um pai maravilhoso.
ISABEL	Que bom, amiga, fico feliz por você! E o nome, decidiram?
LUANA	Temos uma lista. Até nascer, a gente escolhe!

CENA 21

SALA | CASA LUANA e VLADIMIR | DIA

PASSAGEM DE TEMPO. LUANA COM A BARRIGA GRANDE, POR VOLTA DO SEXTO MÊS. ESTÁ DEITADA NO SOFÁ, CANSADA.

VLADIMIR ENTRA.

VLADIMIR Ué, voltou mais cedo do trabalho?

LUANA É, passei mal hoje.

VLADIMIR (ATENCIOSO E PREOCUPADO) Te levo ao médico.

Vamos!

LUANA Não precisa, foi só um enjoo, é normal. A pressão baixou, eu fiquei cansada. E esse calor... aí meu chefe achou melhor eu vir pra casa.

VLADIMIR Luana, você tá passando mal a gravidez toda.

	Pede uma licença pro médico. Você volta a trabalhar depois da licença e não precisa ficar passando por isso.
LUANA	(CANSADA) Não sei, amanhã eu vejo.
VLADIMIR	Eu tô pensando no que é melhor pra você e pra ela.
LUANA	Eu sei, mas não consigo pensar nisso agora.
VLADIMIR	Você é muito teimosa. (PROTETOR) Por que você nunca me escuta?
LUANA	Vladimir, você não tem que decidir tudo por mim. Calma. Amanhã a gente conversa.
VLADIMIR	Claro que não. Não tô decidindo nada. (DEVAGAR) Só estou sugerindo. Pro teu bem e da nossa filha. Não dá pra fazer tudo, Luana. Olha só como tá a nossa casa. Olha que bagunça! (TENTANDO CONVENCÊ-LA) É impossível fazer tudo bem feito. Desse jeito, você não cuida direito de nada. (CARENTE) Aliás, você não tem mais tempo pra mim... Acha que vai ter tempo para a bebê?
LUANA	(ENJOADA) Você reclama de tudo. Eu vou dormir um pouco.

LUANA SAI. VLADIMIR A OBSERVA SAIR, IRRITADO. PASSAGEM DE TEMPO.

CENA 22

SALA | CASA VLADIMIR e LUANA | DIA

LUANA, INCOMODADA, ESTÁ ARRUMANDO A SALA QUANDO VLADIMIR ENTRA, VOLTANDO DO TRABALHO. ELE SE APROXIMA E A ABRAÇA.

VLADIMIR Meu amor, que cara é essa?

LUANA Não sei, Vladimir, tô arrependida... Não faz sentido eu ter saído do trabalho... Gostava tanto de lá!

VLADIMIR (DOCE) Luana, você fez o melhor para nós.

LUANA (IRRITADA) Nós? Quem somos nós?

VLADIMIR Tua família.

LUANA Eu tava fazendo as contas. Com o salário que eu ganhava no banco, dava pra colocar nossa filha na creche. E agora?

VLADIMIR   Agora você vai poder cuidar da tua filha. (OTIMISTA) Olha que bênção! Não é toda mulher que tem essa oportunidade. Você queria trabalhar só para pagar creche?

LUANA   (CHATEADA) A filha também é tua. Não é só minha. E eu também quero trabalhar.

VLADIMIR   (PERSUASIVO) Por enquanto, não dá pra homem amamentar. (MUDANDO O TOM) E eu ganho bem mais do que você ganhava naquele banco, onde aliás só tem homem trabalhando.

LUANA   (CHOCADA) Você tá ficando louco?

VLADIMIR   (CHATEADO) Eu, louco? É você quem me tira do sério. Tuas roupas, a forma que você fala com os homens//

LUANA   (INTERROMPENDO, IRRITADA) Vladimir, para, muda o discurso, eu não aguento mais o teu ciúme.

VLADIMIR   (CARENTE) Você não me aguenta mais, é isso?

LUANA   Não aguento o teu ciúme. Tudo o que eu falo não vale nada!

Você quer me ter presa aqui o dia inteiro, é isso?

VLADIMIR   (TENTANDO MANTER O CONTROLE) Para de me enlouquecer, Luana... para! Não me faz perder a calma.

LUANA   Você perde a calma e a culpa é minha? É sério isso?

VLADIMIR A EMPURRA, ELA CAI NO CHÃO. LUZES SE APAGAM. RUÍDOS DE AGRESSÃO E LUANA CHORANDO. (SEGUNDA AGRESSÃO FÍSICA DA PEÇA)

MÚSICA DE PASSAGEM DE TEMPO.

CENA 23

SALA | CASA VLADIMIR e LUANA | NOITE

VLADIMIR ENTRA NA SALA E LUANA ESTÁ PASSANDO ROUPA.

LUANA   Vladimir, eu tava pensando. Você precisa fazer terapia, psicólogo, alguma coisa.

VLADIMIR   (SURPRESO) Como é que é?

LUANA   Isso que aconteceu entre a gente, você já me... (NÃO SABE QUE PALAVRA USAR) agrediu duas vezes. E eu tô grávida. Eu vou embora na próxima, Vladimir. Não sou saco de pancada, não.

VLADIMIR   (CONCILIADOR) Poxa, Luana, calma! É normal casal brigar. E é normal ter ciúmes. (SEDUTOR) Ainda mais de uma mulher linda como você.

LUANA   Brigar? Isso não é briga. Você me (PAUSA) agrediu DUAS vezes. (DEVAGAR) Duas. E está sempre me colocando pra baixo, tentando me controlar. Todo dia é alguma reclamação. Crítica, ciúme. Acha isso normal?

VLADIMIR   (DOCE e SEDUTOR) Meu amor, me perdoa, eu te juro que vou mudar. Perdi a cabeça, você tem toda a razão. Eu não te agredi, quer dizer, eu não queria ter feito isso. Mas eu te amo mais que tudo.

LUANA   (FRIA) Então, procura terapia, psicólogo, qualquer coisa desse tipo. Você tem cada vez mais ciúmes, Vladimir... Precisa de terapia.

VLADIMIR   Terapia? A gente não tem dinheiro pra isso...

LUANA   Dinheiro pra terapia não tem, mas para eu parar de trabalhar tem?

VLADIMIR   (REFLETINDO) Luana, quer saber a verdade?

LUANA   Aí, olha no espelho, tá se irritando de novo... vai jogar a culpa em mim?

VLADIMIR   (IRRITADO) Eu só perco a cabeça pelo TEU comportamento. Isso não é papel de esposa. Tua roupa, a forma que você deixa a casa, tua falta de atenção comigo...

LUANA FICA NA DÚVIDA.

LUANA Eu te dou atenção, Vladimir. Desculpe se às vezes não estou tão arrumada.

VLADIMIR (PERSUASIVO) Você precisa melhorar, Luana. Mas eu te amo. Você é a minha vida.

VLADIMIR TENTA BEIJÁ-LA. ELE É EXTREMAMENTE CARINHOSO. ELA DÁ UM PASSO PARA TRÁS, RECUA. ELE INSISTE DELICADAMENTE. ELA RESISTE, MAS CEDE.

VLADIMIR Você é minha loucura. Você me leva à loucura. Eu sou louco por você. Preciso de você.

ELES SE APROXIMAM. ELE TENTA BEIJÁ-LA, ELA RESISTE.

VLADIMIR (ROMÂNTICO) Luana, eu não sou nada sem você. Tudo o que eu faço é pra proteger nosso casamento, nossa família. Você precisa entender isso. E confiar em mim.

VLADIMIR A BEIJA. ELA SE DEIXA ABRAÇAR.

CENA 24

SALA | CASA VLADIMIR e LUANA | DIA

LUANA ESTÁ PASSANDO ROUPA. ISABEL ENTRA.

LUANA   Isabel, que susto!

ISABEL   (RINDO) O porteiro me conhece. Você não ouve campainha e deixa a porta aberta.

AS DUAS SE ABRAÇAM.

ISABEL   Você não responde telefone nem WhatsApp! Tive que vir pessoalmente.

LUANA   Por quê? (PREOCUPADA) Aconteceu alguma coisa?

ISABEL   (OLHANDO PARA A BARRIGA) Não sou madrinha desta criatura? Preciso acompanhar a gravidez! Quero saber se você está bem.

ISABEL OLHA DESCONFIADA.

LUANA   Sim, Isabel, tô bem, é só//

ISABEL   (CORTA) O que é isso? (APONTANDO PARA A MARCA ROXA NO BRAÇO)

LUANA   Nada não. (IMPROVISA) Eu levei um tombo no banheiro.

ISABEL OLHA FIXO.

LUANA   Que isso, menina?

ISABEL	(SÉRIA) Eu sou tua amiga, como irmã. Por que você não me diz o que está acontecendo?
LUANA	Quê?
ISABEL	Luana, te conheço há... quantos anos? Desde os 7, né? Difícil mentir pra mim. Eu sei que alguma coisa tá acontecendo. E não é bom//
LUANA	(INTERROMPENDO) Olha só... não sei o que você está pensando, mas//
ISABEL	(INTERROMPENDO E SEGURANDO NOS BRAÇOS DE LUANA) Eu vou sempre te apoiar, amiga.

LUANA FICA NA DÚVIDA SOBRE CONTAR, MAS CONTINUA EM SILÊNCIO. ISABEL PERCEBE SUA CONFIRMAÇÃO SILENCIOSA SOBRE AS AGRESSÕES DE VLADIMIR.

ISABEL	(FAZENDO ESFORÇO PARA MANTER A CALMA) Isso foi quando?
LUANA	Isso o quê?
ISABEL	Luana, vou perguntar com todas as letras: o Vladimir te agrediu?

LUANA DESVIA O OLHAR E FICA EM SILÊNCIO.

ISABEL	Como? Por quê? Me conta, criatura. Fala! Você precisa falar.

LUANA Você não vai entender. É verdade, ele... (PAUSA/ OMITINDO) Mas foi uma única vez. Ele perdeu a cabeça. Ele... (BALBUCIA) me pediu perdão. Um monte de vezes. Ele é meu marido, ele me ama, eu tenho certeza disso, Isabel.

ISABEL E daí que é teu marido? Se ele te agrediu, você precisa ir embora. Separa, divorcia, vem pra minha casa, pra casa dos teus pais. Você sabe que não falta lugar pra você ir.

LUANA (TRISTE) Não quero me divorciar grávida. Quem vai ser o pai desta criança? Por uma briga?

ISABEL Luana, você tem ideia do que tá acontecendo? Entrou em outro planeta e não consegue enxergar? Uma vez, duas, trinta, cinquenta, todo dia. (DIDÁTICA E COM EMPATIA) Se ele te bateu uma vez, vai continuar. Eu vejo como ele é possessivo e te coloca pra baixo desde o dia em que vocês se casaram. Você me jura que não vê, não perce//

LUANA (INTERROMPENDO) Você não entende que...? Me sinto boba, às vezes, mas ao mesmo tempo... amo este homem... Você acha que é fácil virar a chave assim? (FAZ UM GESTO COM A MÃO, NA DEFENSIVA) Quem é você pra falar do relacionamento perfeito? Você agora nem gosta mais de homem. Até aí, tudo bem. Mas virou feminista também, tá contra os homens?

ISABEL   (CHOCADA) Que isso? Palavras do Vladimir?

LUANA   Para de implicar, Isabel. Ele é meu marido. Quer saber a verdade? (DESABAFANDO, SINCERA) Não consigo me imaginar vivendo sem ele. E já falei pra ele fazer terapia. Quando ele me trata mal, eu só quero que o tempo passe e ele me ame novamente. Quando ele é apaixonado, é maravilhoso... não é matemática. É simplesmente... (EXAUSTA EMOCIONALMENTE) Olha, me deixa, por favor, eu tô cansada.

ISABEL   (BRAVA) Você tá me mandando embora da tua casa?

LUANA   A gente se fala outro dia. Você tá sendo insistente, sempre que acha que tá certa.
(PERDENDO A CALMA) Você foi assim a vida inteira, né? Você sempre se achou mais inteligente que a maioria. E agora, porque é feminista, se acha mais ainda? Você me acha uma ignorante, eu sei, a amiga que virou dona de casa e não lê filosofia. Vai embora, Isabel!

ISABEL CHOCADA, SEM REAÇÃO. CLIMA TENSO.

ISABEL   (TRISTE) Ok, a gente se fala outro dia. Acho que você não tá pensando no que tá falando.

LUANA   (AGRESSIVA) Viu? Você tá sempre certa, tem sempre razão. E sempre implicou com o Vladimir. Desde que eu marquei o noivado.

ISABEL   Tchau, Luana. Se precisar, me liga.

ISABEL VAI EMBORA TRISTE.

MÚSICA FAZ PASSAGEM DE TEMPO ENTRE CENA DIÁLOGO E CENA NARRAÇÃO.

CENA 25

PALCO VAZIO

LUANA ESTÁ SOZINHA NO PALCO. DURANTE SEU MONÓLOGO, ESTÁ EM UM TEMPO DISTINTO DAS OUTRAS CENAS

LUANA Por que eu briguei com você naquele dia, Isabel? Claro que você sabia que eu tava mentindo. Você enxergou tudo; eu não te ouvi. Não queria admitir. Era um fracasso. E era – sei lá – um vício? Ele era agressivo, possessivo, mas eu era a vida dele, ele não saberia viver sem mim. Era MUITA declaração de amor... Eu balançava... Meu coração batia mais forte quando ele falava tudo aquilo. Eu acreditava que era a pessoa mais importante da vida dele. (LEMBRANDO) "Nunca amei ninguém como você." Todo dia, ele me abraçava, me olhava de um jeito... (PAUSA) Eu queria resistir, mas acabava cedendo... Resistir, ceder. Resistir, ceder. Me sentia um fracasso, e a única saída era consertar. Eu acreditava que ele ia mudar. Claro que sim. Minha vida parecia uma montanha russa de emoções. Ele me amava, ele me humilhava. Eu era tudo pra ele. E depois, nada. Será que fui ficando viciada naquela rotina? Quando me sentia rejeitada, era um vazio dentro de mim, um frio na espinha... Queria fazer o tempo andar pra frente porque sabia que ele me amaria de novo daquele jeito apaixonado e intenso. Você tinha razão, minha paixão se tornou, sei lá, uma espécie de vício. Era ruim e bom. Péssimo e maravilhoso. Quanto mais ele me agredia, mais eu precisava que ele voltasse a se apaixonar. Eu não queria me sentir rejeitada. Eu tinha vergonha. Mas não era só vergonha, acho que era vício também, Isabel. Aquilo me alimentava.

CENA 26

SALA | CASA VLADIMIR e LUANA | NOITE

LUANA ESTÁ ASSISTINDO TELEVISÃO. NO PROGRAMA, A APRESENTADORA DISCUTE SOBRE VIOLÊNCIA DOMÉSTICA. VLADIMIR APARECE DE REPENTE, OUVE O ASSUNTO E DESLIGA A TELEVISÃO.

VLADIMIR   Que isso, Luana?

LUANA   (DEVAGAR) É só um programa. Por que você desligou a TV?

VLADIMIR   (DIDÁTICO, ENSINANDO) Porque depois você fica com caraminhola na cabeça. Isso é besteira, essa invenção de cultura do mimimi. Um exagero, essa gente com mania de politicamente correto.

LUANA   (SURPRESA) Quê?

VLADIMIR (CALMO) Todos os casais brigam, sempre brigaram, e você também já me agrediu, esqueceu?

LUANA (RINDO, NERVOSA) Eu te agredi? Eu apenas me defendi. Ou melhor, tentei. Olha o teu tamanho, Vladimir. Fala sério que cê acha que eu te agredi!

VLADIMIR (AUTORITÁRIO) Luana, quer saber? É você que me tira do sério. Você vem com esse papo de terapia, o problema sempre sou eu. Você não percebe o quanto VOCÊ dá motivo para eu me irritar?

LUANA (IRRITADA) Eu dou motivo? Você tá cada vez mais louco de ciúmes!

VLADIMIR (CARINHOSO) Isso é amor, Luana, não tem nada de loucura. Ninguém é de ferro. Sei que não posso "partir pra briga", mas nas únicas vezes que aconteceram, eu te pedi perdão. O que você quer mais? Não dá pra voltar no tempo. Perdão não é o suficiente? Você que é tão religiosa... Jesus não ensina a perdoar?

LUANA OBSERVA EM SILÊNCIO.

VLADIMIR Fala, meu amor, pedir perdão não é o suficiente? Eu te peço todos os perdões que você quiser.

LUANA Olha pra você, olha como você se altera.

ELE A PUXA, SEDUTOR.

VLADIMIR Vem aqui. Você sabe que eu te amo, você é a mulher da minha vida. (SENSUAL) E você me enlouquece.

ELA RESISTE, MAS CEDE. ELE A ABRAÇA E A BEIJA.

CENA 27

SALA | CASA YOLANDA e JOAQUIM | DIA

LUANA E YOLANDA ESTÃO ORGANIZANDO A MALA PARA A MATERNIDADE. LUANA ESTÁ CHATEADA.

YOLANDA	Luana, a situação vai melhorar quando a bebê nascer. Fica calma.
LUANA	(ESPERANÇOSA) Você acha que vai mudar, mãe?
YOLANDA	Claro que sim. Todo casal se desentende. Você tá no final da gravidez. Sua filha vai nascer e precisa de uma mãe tranquila.
LUANA	O que adianta uma mãe tranquila e um pai estressado?
YOLANDA	Você fez alguma coisa para ele ter tanto ciúme?
LUANA	(IRRITADA) Mãe!

YOLANDA Só tô perguntando, filha. Você é muito bonita, sempre foi, você sabe disso, né? Olha o lado dele, deve ser difícil... Você chama muita atenção, precisa ser mais discreta mesmo. Tente se colocar no lugar dele.

LUANA OLHA CHOCADA PARA YOLANDA.

LUANA (BRAVA) Mãe, a senhora está se escutando?

YOLANDA (CONCILIADORA) Vou fazer um chá de camomila. Você precisa se acalmar. Minha neta daqui a pouquinho tá aqui. Vai ficar tudo bem. Não vejo a hora de ter a bebê no colo! Teu irmão prometeu vir pro batizado. Ele vai conseguir tirar férias! Você vai ver como vai ficar tudo bem.

YOLANDA SAI. LUANA OLHA CONFUSA PARA AS ROUPAS DA BEBÊ. MÚSICA DE PASSAGEM DE TEMPO.

CENA 28

SALA | CASA VLADIMIR e LUANA | DIA

NA SALA, ESTÃO JOAQUIM, YOLANDA, ISABEL E ANTÔNIO. LUANA ESTÁ AMAMENTANDO NO QUARTO.

VLADIMIR CHEGA EXIBINDO A CERTIDÃO DE NASCIMENTO DA FILHA PARA TODOS.

VLADIMIR Feito, olha que beleza! Dei o nome da minha avó. Maria Teresa. Tenho certeza de que a Luana vai gostar!

ANTÔNIO (SEM SABER O CONTEXTO) Mas não ia ser Maria Eduarda?

YOLANDA Filho, não se mete.

ANTÔNIO Não entendi.

LUANA, COM A CARA CANSADA, ENTRA.

LUANA Ufa, ela dormiu, finalmente. Já chegou, Vladimir? Conseguiu fazer o registro?

VLADIMIR OLHA ORGULHOSO.

VLADIMIR Sim! Maria Teresa! Nome da bisavó. Pra manter a tradição. Mas a próxima filha pode ser Maria Eduarda. Ou Eduardo, se for menino.

ISABEL E YOLANDA PERCEBEM A IRRITAÇÃO DE LUANA.

YOLANDA (CONCILIADORA) Adoro nome que começa com Maria. Acho que vou chamá-la de Tetê. O que acha de Tetê, Luana?

LUANA OLHA PERPLEXA, NÃO RESPONDE. CLIMA TENSO.
ISABEL OLHA PARA VLADIMIR E PARA LUANA.

LUANA (SEM DEMONSTRAR EMOÇÃO) Vou fazer um café.

JOAQUIM PEGA UMA CAIXA EMBRULHADA.

JOAQUIM Trouxe um charuto pra gente comemorar.

JOAQUIM ENTREGA A CAIXA PARA VLADIMIR.

VLADIMIR (PEGA UM PARA ELE, OFERECE PARA O SOGRO E PARA O CUNHADO) Muito obrigado, meu sogro.

ISABEL (IMPLICANDO COM VLADIMIR) Você não vai me oferecer, não?

JOAQUIM (TENTANDO CONCILIAR) Na minha família, mulher não fuma charuto. E você, pra mim, é como filha, Isabel. Mas se quiser, claro, fica à vontade. Tem bastante charuto.

ISABEL Obrigada, eu não gosto mesmo de charuto.

VLADIMIR OLHA PARA ISABEL COM IRONIA.

VLADIMIR Mas gosta de reclamar de tudo!

YOLANDA (TENTANDO APAZIGUAR) Vamos falar baixo que a minha neta tá dormindo! Vou lá em cima ver como ela está.

YOLANDA SAI. CHORO DE BEBÊ. LUZES SE APAGAM. MÚSICA DE PASSAGEM DE TEMPO.

CENA 29

QUARTO DA BEBÊ | CASA VLADIMIR e LUANA | DIA

ISABEL E YOLANDA ESTÃO NO QUARTO DA BEBÊ, TROCANDO SUA ROUPA. LUANA ESTÁ SENTADA NA POLTRONA DE AMAMENTAÇÃO, CANSADA E DESANIMADA.

LUANA   Sei lá, só tô cansada.

ISABEL   Sei não, além de cansada, tô te achando muito desanimada.

YOLANDA   Minha filha, isso é normal. No início, é muito cansativo mesmo.

ISABEL   O Vladimir tá te ajudando com a Tetê?

YOLANDA   Ele trabalha o dia inteiro. É natural que a bebê fique com a Luana. Eu vou lavar essa roupa.

YOLANDA SAI LEVANDO UM MONTE DE ROUPA DA BEBÊ.

ISABEL   Luana, sua mãe é de outra época, com todo o respeito e amor que eu tenho por ela. O Vladimir é pai, precisa participar também. Não tá certo só você acordar a noite inteira. Ele só trabalha de segunda a sexta. Você de segunda a segunda, e vinte e quatro horas.

LUANA   (PENSANDO EM OUTRA COISA) O problema é que não tô com vontade... (NÃO CONSEGUE CONTINUAR)

ISABEL   (SEM ENTENDER) Vontade?

LUANA   (DESABAFANDO) Ele tá me cobrando que só olho pra Tetê, vivo pra Tetê e me esqueci dele. Essas coisas... mas não tenho energia. Quando sobra tempo, se sobra, eu só quero dormir. Não quero outra coisa, entendeu?

ISABEL   Sexo?

LUANA   (RINDO) Você adora ser direta.

ISABEL   Pois diga pra ele que isso se chama puerpério. E é assim mesmo. E ai dele se insistir!

LUANA PENSANDO.

MÚSICA DE PASSAGEM DE TEMPO.

CENA 30

COZINHA | CASA VLADIMIR e LUANA | NOITE

LUANA, ABATIDA E DESANIMADA COM A BEBÊ NO COLO, ESTÁ TOMANDO ÁGUA.

LUANA Não deu tempo de cozinhar. Sobrou um pouco da janta de ontem.

VLADIMIR (DECEPCIONADO) Não acredito... comida de ontem, Luana? Você passa o dia inteiro em casa e não faz nem uma comida?

LUANA (NERVOSA) Eu não tenho um minuto pra mim. Tetê tem cinco meses, Vladimir, ela ainda mama o dia inteiro. E acorda a noite inteira. (IRRITADA) Caso você não tenha percebido, eu passo metade do dia amamentando. E a outra metade, trocando fralda, lavando roupa, e às vezes – quando sobra meia hora –

	também preciso dormir. Você não pode fazer nem um macarrão?
VLADIMIR	(COLOCANDO LUANA PRA BAIXO) Se fosse só o macarrão, Luana... você agora deixa tudo uma zona. Como é que as outras donas de casa conseguem? Ou acha que os maridos que trabalham o dia inteiro ainda acordam no meio da noite pra dar mamadeira e trocar fralda? (MUDANDO O TOM, IRÔNICO) Sem falar que não dá mais nada de atenção pra mim. Nada. (GROSSEIRO) Tá querendo me empurrar pra rua?
LUANA	(BRAVA) Como é que é?
VLADIMIR	Ah, então quer dizer que não sou só eu que tenho ciúmes?
LUANA	Alguma vez eu te perguntei se você quer que eu procure alguém fora de casa?
VLADIMIR	(MUDANDO O TOM, IRRITADO) Nem experimente, Luana. (AGRESSIVO) Você não sabe o que eu faria se te pegasse com outro.
LUANA	Eu nunca olhei pra ninguém, Vladimir. Para de ser maluco!
VLADIMIR	(AGRESSIVO e CARENTE) Ah, não! E por que não quer mais nada comigo?

ELE SE APROXIMA DE FORMA PASSIONAL E SEGURA SEU BRAÇO VIOLENTAMENTE.

LUANA   Me larga, você tá me machucando.

ELE PASSA A MÃO EM SUA BUNDA.

VLADIMIR   (SEDUTOR) Fica me esnobando, fica... você tá me mandando ter um caso, depois não reclama. Fica com esse mimimi de "tô cansada". (GROSSEIRO) Minha paciência não é eterna, não.

LUANA   Tava pensando em passar o fim de semana na casa dos meus pais, pra mamãe cuidar da Tetê e eu dormir uma noite inteira. Acho que tudo vai melhorar depois que eu dormir.

VLADIMIR   (BRAVO) Tá maluca?

LUANA   (DEVAGAR) Tô só cansada, Vladimir.

VLADIMIR   Você não pode estar falando sério. Não arruma a casa, não cozinha direito, nega sexo e ainda precisa da mãe para cuidar da tua filha? Vai me evitar até quando? (CONFUSO) Tem alguém atrás de você, Luana? (ATORDOADO)

LUANA RESPIRA FUNDO E DECIDE NÃO ENTRAR NA DISCUSSÃO.

LUANA   Desculpa, Vladimir. Não quero você chateado. Me entenda, eu só estou CANSADA. É só isso.

LUANA TENTA SAIR. VLADIMIR A SEGURA PELO BRAÇO.

VLADIMIR   Então, vem aqui. (SEDUTOR e AUTORI-
TÁRIO) Vem logo, Luana. Eu não vou espe-
rar mais.

ELE A PUXA E DESABOTOA SUA BLUSA. MEIO SEDUTOR,
MEIO VIOLENTO. ELE TENTA BEIJÁ-LA. ELA RESISTE,
MAS CEDE.

LUZES SE APAGAM.

CENA 31

PALCO VAZIO

LUANA ESTÁ SOZINHA NO PALCO. DURANTE SEU MONÓLOGO, ELA ESTÁ EM UM TEMPO DIFERENTE DAS OUTRAS CENAS.

LUANA Aquela noite foi horrível. Eu não estava ali, parecia um zumbi. Ele tirou minha roupa e partiu pra cima. Foi violento e sedutor. E depois me ameaçou de novo, dizendo que ia precisar de uma amante se eu não transasse com ele. "Afinal, Luana, tudo tem limite. Se você não quiser mais nada comigo, não sei não." Parecia que a filha era só minha. E, à noite, ele queria sexo. Meu Deus, ele não desistia! Como se eu não amamentasse dia e noite, exausta. E começou a cismar que eu tinha outro. Quando eu dizia não, ele me acusava de estar com outro. Eu fui enlouquecendo.

MÚSICA FAZ PASSAGEM DE TEMPO ENTRE CENA NARRAÇÃO E CENA DIÁLOGO.

CENA 32

SALA | CASA LUANA e VLADIMIR | NOITE

COMEMORAÇÃO DE 6 MESES DA BEBÊ. YOLANDA E ISABEL CONVERSAM EM UM CANTO DA SALA.

YOLANDA Adoro fazer comemoração de mesversário. Já está com 6 meses. Minha neta está linda.

ISABEL Está mesmo!

NO OUTRO CANTO, JOAQUIM, ANTÔNIO E VLADIMIR.

JOAQUIM Pois é. A família tá aumentando. Já tão pensando no próximo? Quem sabe vem um menino...

VLADIMIR (RINDO) Seria ótimo. Vou adorar levá-lo para o futebol!

O Último Dia

ANTÔNIO É, mas tem que torcer para o mesmo time do tio!

VLADIMIR (RINDO) Isso, de jeito nenhum.

JOAQUIM Não vamos discutir isso agora. Primeiro faz o menino e depois a gente conversa.

VLADIMIR (COM SORRISO, PELO GRACEJO DO SOGRO) Ah, tá!

LUANA CHEGA NA SALA COM A FILHA NO COLO, AS DUAS BEM ARRUMADAS.

JOAQUIM Chegaram minhas duas princesas!

YOLANDA Como ficou bonita com o vestidinho rosa que a vovó deu! Vamos cantar o parabéns!

TOCA O INÍCIO DO PARABÉNS, QUE JÁ PULA PARA O FINAL (TIPO PARABÉNS PRA VOCÊ... MUITOS ANOS DE VIDA) TODOS APLAUDEM. EM SEGUIDA, DESPEDEM-SE E FICAM APENAS OS DONOS DA CASA.

VLADIMIR (MAU-HUMORADO) Para mim, aniversário é só uma vez por ano.

LUANA Que nada! É comum comemorar cada mês quando é bebê. E ainda mais porque meu irmão não estará aqui quando ela fizer um ano.

VLADIMIR Acho desnecessário.

LUANA   Ah, Vladimir, não fica azedo assim. Nossa filha estava tão linda!

VLADIMIR   Isso estava mesmo! Ah! Não sei se te disse, mas vou me encontrar com a turma do trabalho para assistirmos juntos ao jogo da Copa do Brasil.

LUANA   (CHATEADA) Não tinha dito nada, não. Mas não acha que já tá tarde?

VLADIMIR   É que esses jogos começam tarde mesmo.

LUANA   (BRAVA) Podia ter me dito antes, não? Meu irmão no Rio, eu podia ter ido com ele pra casa dos meus pais. É a última noite dele na cidade. (MUDA O TOM) Preferia que você ficasse em casa comigo.

VLADIMIR   Ih! Agora vai querer me controlar, é? (RINDO) Pode ir tirando o cavalinho da chuva. Já está na minha hora. E aproveita para deixar a casa arrumada.

VLADIMIR DÁ AS COSTAS PARA LUANA, ABRE A PORTA E SAI SEM DIZER MAIS NADA. LUANA SE SENTE DERRUBADA. PEGA A CRIANÇA, SENTA-SE NA POLTRONA E LHE DÁ O PEITO. ENQUANTO AMAMENTA, CHORA BAIXO. A BEBÊ ADORMECE EM SEUS BRAÇOS. LUANA TAMBÉM ADORMECE. MÚSICA DE PASSAGEM DE TEMPO.

CENA 33

SALA | CASA LUANA e VLADIMIR | MADRUGADA

CONTINUAÇÃO DA CENA ANTERIOR.

VLADIMIR, BÊBADO, VOLTA PARA CASA ACOMPANHADO DE ANDRÉ, SEU COMPANHEIRO DO FUTEBOL, E VÊ QUE A CASA NÃO FOI ARRUMADA.

VLADIMIR (RECLAMANDO) Não acredito que esta casa continua essa zona! Poxa, Luana, que merda é essa?

ANDRÉ Pega leve, cara. Olha a bebê ouvindo. Vai assustar.

VLADIMIR (BRAVO) Não se mete.

LUANA CONTINUA DORMINDO, SEGURANDO A BEBÊ NO COLO. VLADIMIR A EMPURRA.

VLADIMIR Acorda aí. Você não faz nada direito, caramba. Não dá nem pra eu trazer amigos em casa?

LUANA ACORDA ASSUSTADA ENQUANTO VLADIMIR RECLAMA.

ELA ABRAÇA A BEBÊ ENQUANTO ELE GRITA. ANDRÉ OLHA SURPRESO, TENTA FALAR ALGO, MAS VLADIMIR FAZ UM GESTO AMEAÇADOR E ANDRÉ VAI EMBORA.

LUZES SE APAGAM.

RUÍDOS DE AGRESSÃO, CHORO DE LUANA E DA BEBÊ.

O Último Dia

CENA 34

QUARTO BEBÊ | CASA LUANA e VLADIMIR | MADRUGADA

MESMA NOITE DA CENA ANTERIOR. LUANA CONVERSA COM A BEBÊ, QUE ESTÁ NO BERÇO.

LUANA Desculpa, meu amor, a gente vai embora daqui. Eu não vou deixar você viver esse pesadelo.

LUANA CHORA E PEGA TERESA NO COLO.

VLADIMIR ENTRA LENTAMENTE. LUANA OUVE A PORTA SE ABRIR E SE ASSUSTA.

VLADIMIR Calma, Luana, calma. Por favor, eu faço qualquer coisa pra você me perdoar.

LUANA (ASSUSTADA) Por favor, fica longe, não quero acordar a Tetê. Vladimir, eu te imploro, fala baixo e não chega perto dela, você está bêbado!

VLADIMIR Escuta...//

LUANA (ASSUSTADA) Por favor, deixa eu ficar aqui sozinha. Por favor, Vladimir...

VLADIMIR (DOCE) Você sabe que você é a mulher da minha vida. Eu nunca amei ninguém como eu te amo. Eu nunca vou amar ninguém como eu te amo.

VLADIMIR SE APROXIMA LENTAMENTE. ELE PEGA CARINHOSAMENTE A BEBÊ DO COLO DE LUANA E A COLOCA NO BERÇO.

ELE SE APROXIMA DELICADAMENTE E PEGA AS MÃOS DE LUANA. ELA NÃO SE MEXE, SENTE PROFUNDA TRISTEZA.

CARINHOSAMENTE, ELE PASSA A MÃO EM SEU ROSTO.
FAZ UM GESTO, TENTANDO APROXIMÁ-LA DELE.

VLADIMIR   Eu te amo, Luana, mais que tudo nessa vida.

ELA TENTA RESISTIR, MAS CEDE. LUANA TENTA FALAR
ALGO, MAS ELE ENCOSTA A MÃO EM SUA BOCA E A
BEIJA CALOROSAMENTE.

VLADIMIR   Eu te juro, Luana, nada nem ninguém é mais importante que você. Eu não sei viver sem você.

VLADIMIR PEGA LUANA NO COLO E A LEVA PARA FORA
DO QUARTO DE TERESA.

CENA 35

RUA | LUANA, ISABEL e BEBÊ | DIA

AS DUAS AMIGAS ESTÃO CAMINHANDO PELA RUA. ISABEL EMPURRA O CARRINHO.

LUANA ANDA DEVAGAR, TRISTE E CABISBAIXA.

ISABEL   Você tá estranha, Luana. O que tá rolando?

LUANA   (ASSUSTADA) Nada. Só tô cansada. Tetê continua acordando todas as noites. TODAS. Amamentar, cuidar da casa, essas coisas.

ISABEL   Eu sei que você tá triste e acho, sei lá, que é por causa do Vladimir. Tô ficando com medo//

LUANA INTERROMPE.

LUANA　　Medo?

ISABEL　　(ACOLHEDORA) Tenho medo de você me esconder as coisas. Por pior que seja, eu quero saber. Sou tua amiga-irmã, lembra? Eu tô com você.

LUANA　　Você diz isso, mas quer interferir na minha vida. Você não ia entender...

ISABEL　　Tá enganada. Vou te entender, sempre.

LUANA OLHA DESCONFIADA.

ISABEL FAZ QUE SIM COM A CABEÇA.

ISABEL　　Sempre. Tô do teu lado.

LUANA　　(DESABAFANDO) Você sempre soube, Isabel. É verdade, tudo o que você já disse, o Vladimir é... (NÃO CONSEGUE DIZER) agressivo. No começo, era de vez em quando, porque ele tinha ciúmes, ficava louco imaginando que eu tava com outro. Agora é por qualquer motivo. Ele me bate porque tá com ciúme, porque é louco, porque não tem jantar pronto, porque não quero transar, porque respondo e porque não respondo. Eu desisto dele algumas vezes. Mas aí ele pede perdão e vem todo apaixonado. Sei lá, ele me confunde, não consigo ir embora. Ele muda.. e aí eu amo aquele Vladimir de novo. Parece até que são duas pessoas completamente diferentes. Ele tem algum poder sobre mim... Quando ele me olha com tanta paixão, quando ele me toca... (PAUSA) E depois é horrível.

ISABEL OLHA DE FORMA ACOLHEDORA.

LUANA Quando ele me... (COM DIFICULDADE PARA FALAR A PALAVRA), eu penso que se eu não reagir, se eu aguentar firme, ele vai pedir perdão e voltar apaixonado. Ele sempre volta. Por isso eu sei que ele me ama. Ele só perde a cabeça, e eu sei que isso é impossível pra você entender, por isso não quis te contar. (PAUSA) Ai! Agora você vai me atormentar para eu ir embora.

LUANA ARREGAÇA A MANGA DA CAMISA E MOSTRA UMA MARCA. ISABEL TENTA FALAR, MAS LUANA FAZ UM GESTO PARA QUE ELA FIQUE QUIETA. ISABEL, SOLIDÁRIA, SEGURA AS MÃOS DE LUANA.

ISABEL Eu tô com você, Luana.
LUANA (SOLTA AS MÃOS) Melhor a gente parar de se ver. Por um tempo.
ISABEL Não me manda embora agora. Por favor!
LUANA Eu não aguento mais ser criticada...

ISABEL   Eu não estou te criticando. Só me responde: você disse que às vezes desiste dele. Ainda pensa nisso?

LUANA   Ele vai mudar, Isabel. Ele não é um monstro. Só perde a cabeça, mas já concordou em fazer terapia.

ISABEL NÃO SABE O QUE FALAR.

LUANA   Não quero me sentir um fracasso. Quero ser casada com o pai da minha filha. Ele é... às vezes... Ele vai voltar a ser quem era.

ISABEL   (PERDE A CALMA) Luana, ele te bate, e você continua aceitando? É isso mesmo?

LUANA   (SECA) Eu sabia que você não ia entender. Vai embora, Isabel. Me deixa sozinha. Pelo amor de Deus. (CONTROLANDO O CHORO) Eu não aguento mais discussão...

ISABEL FICA IMÓVEL. LUANA SAI EMPURRANDO O CARRINHO DE TERESA. ISABEL TENTA SEGUI-LA. LUANA FAZ UM GESTO PARA ELA FICAR LONGE. ISABEL SENTA NA CALÇADA, PERPLEXA, OLHANDO LUANA SE DISTANCIAR.

MÚSICA DE PASSAGEM DE TEMPO.

CENA 36

COZINHA | CASA LUANA e VLADIMIR | CASA ISABEL | DIA

LUANA RECEBE UMA CARTA DE ISABEL. ABRE E LÊ.
AO MESMO TEMPO, DO OUTRO LADO DO PALCO, ISABEL ESTÁ SENTADA EM UMA MESA, ESCREVENDO A CARTA. OUVIMOS A VOZ DE ISABEL.

ISABEL   Querida amiga, sei que você ficou chateada em nosso último encontro. Quero deixar claro que nunca foi minha intenção interferir no seu casamento. Minha preocupação é com você. Tenho lido nos jornais sobre casos de relações abusivas e receio que você esteja em uma situação dessas, igual a milhares de mulheres. Como disse, não quero de maneira nenhuma interferir na sua vida, mas também não posso ver minha amiga sofrendo violência e fazer de conta que não vi. E pelo que tenho visto, um homem que agride uma mulher não faz isso apenas uma vez. Além de repetir a violência, costuma ir piorando. Li também que é comum a vítima não querer falar sobre isso e que é muito importante romper o silêncio. Por isso, minha amiga, saiba que nunca lhe censurei e quero que você tenha certeza de que pode se abrir comigo. Estou sempre do seu lado.

CENA 37

PALCO VAZIO

LUANA Você tentou me tirar daquele buraco. Eu sei, minha amiga. Você fez de tudo. Eu justificava pela paixão. Hoje acho que era, não sei, um vício? Uma rejeição, uma fraqueza? Eu esperava ansiosamente o momento do perdão. Quando ele me olhava apaixonado, acreditava que o ciúme era só um lado da paixão. E perder a cabeça, bom, era só perder a cabeça. Eu fui ficando fraca... Dependia do amor dele pra me sentir alguém. Não conseguia mais me ver sem ele. Algum lugar do meu coração me dizia para ir embora. Mas eu acabava querendo ficar com ele (DEVAGAR) só mais uma noite. (REPETE, DEVAGAR, SE LEMBRANDO) Só mais UMA. Eu prometia para mim que iria embora no dia seguinte. Aquele seria o último dia. A última briga. Aquele perdão, o último. Aquele sexo, o último. Mas quando o dia amanhecia, eu perdia a força. A cada dia, ficava mais fraca. Quando te pedi ajuda, já estava afundada na areia movediça até o pescoço.

CENA 38

RUA | LUANA e ISABEL | DIA

AS DUAS ESTÃO CAMINHANDO NA RUA.

LUANA (OTIMISTA) Tive uma ideia, Isabel. Você pode me ajudar?

ISABEL (DECIDIDA) Claro, vem pra minha casa. Vem hoje, agora. Não volta mais lá. Eu vou te levar comigo, vou buscar a Tetê, a gente vai resolver tudo, fica calma.

LUANA Eu não quero ir embora, Isabel. Eu quero que ele mude. Quero que ele volte a ser aquele homem que conheci. Conversa com ele? Faz ele entender o que tá acontecendo?

ISABEL LEVA UM SUSTO E DEMORA PARA RESPONDER.

ISABEL (SURPRESA) Eu? Conversar com o Vladimir?

LUANA Você sempre falou que eu podia te pedir ajuda. Agora tô pedindo. Você é a única pessoa que vai saber explicar tudo pra ele.

ISABEL Ele não gosta de mim, Luana. Ele nunca vai me ouvir.

LUANA Esses primeiros anos de bebê são muito estressantes mesmo, Isabel. Todas as mães falam.

ISABEL Uma coisa é estresse, Luana, outra é agressão. Por que você ainda acredita que ele vai mudar? Já são quantos anos de agressão? 4, 5, 6? Quando foi que começou?

LUANA (INSEGURA) Ele... tem consciência de que tá errado. Ele SEMPRE se desculpa.

ISABEL Vamos conversar com a tua mãe, Luana? Quer saber? Vou ligar pro teu irmão. Vou pedir pra ele vir pro Rio. Ele é a única pessoa que você escuta.

LUANA OLHA DECEPCIONADA.

LUANA Eu sabia que não podia te pedir nada.

ISABEL Não é verdade. Você pode me pedir... (MUDA DE IDEIA, RAPIDAMENTE) Tudo bem, eu converso com o Vladimir. Se você acredita que ele vai querer me ouvir, eu aceito.

LUANA (OTIMISTA e GRATA) Você vai ver, ele vai entender. Nunca – nenhuma vez – aconteceu nada de ruim sem ele ter se desculpado depois.

ISABEL (ACOLHEDORA) Você não percebe que isso tá se repetindo?

LUANA (NERVOSA) Você só amou cara perfeito?

ISABEL Não, Luana, amei muito estrupício e você sabe. Eu tô do teu lado. Eu vou conversar com o Vladimir, eu prometo.

LUANA DERRAMA UMA LÁGRIMA, TENTA SE CONTROLAR. ISABEL A ABRAÇA. NO PRIMEIRO MOMENTO, ELA SE DEIXA ABRAÇAR, MAS LOGO RESISTE E SAI.

LUANA (FRIA) Deixa pra lá, esquece tudo isso e me promete que não vai falar com ninguém. E não liga pro Antônio.

ISABEL TENTA ABRAÇÁ-LA, MAS LUANA RESISTE E VAI EMBORA, ANDANDO RAPIDAMENTE.

ISABEL, PERPLEXA, NÃO SABE O QUE FAZER.

CENA 39

COZINHA | CASA YOLANDA e JOAQUIM | DIA

YOLANDA ESTÁ SECANDO A LOUÇA. ISABEL ESTÁ AO SEU LADO, NERVOSA.

ISABEL Ela pediu o contrário, mas eu não aguentei. Liguei pro Antônio. Ele não sabia de nada e tá muito preocupado, tia. Queria sair de São Gabriel da Cachoeira agora mesmo e vir pra cá. Ele prometeu vir na próxima semana, vai dar um jeito. Ele é a única pessoa que ela escuta.

YOLANDA Ai, minha filha, obrigada por me contar tudo isso. O que a gente faz agora? (DESNORTEADA) Ligo para o Joaquim? Vamos tirar ela de lá agora?

ISABEL Tia Yolanda, ela não quer sair. Ela ainda tem esperança.

YOLANDA Mas você sabe que homem que faz isso não muda, né?

ISABEL Eu sei, tia, eu sei, sim. Mas a Luana não acredita.

YOLANDA Eu vou lá agora. Eu tô muito preocupada. Vamos, Isabel, por favor, vem comigo, filha. A gente precisa tirar as duas daquela casa.

ISABEL A gente não vai resolver as coisas assim. Ela não quer sair de lá. Ela continua//

YOLANDA Isso não é amor, não. É outra coisa. Obsessão, tormento, não sei, Isabel. Como eu não vi isso antes?

ISABEL A senhora não fez nada de errado.

YOLANDA ANDA DE UM LADO PRO OUTRO.

YOLANDA Eu vou tirar ela de lá.

LUZES SE APAGAM.

O Último Dia

CENA 40

**COZINHA | CASA VLADIMIR
e LUANA | DIA**

YOLANDA APARECE DE SURPRESA NA CASA DA FILHA,
QUANDO VLADIMIR NÃO ESTÁ.

ENCONTRA LUANA SENTADA NO CHÃO DA COZINHA SEGURANDO TERESA, AS DUAS CHORANDO E VÁRIOS PRATOS QUEBRADOS. YOLANDA SE ASSUSTA, PEGA TERESA NO COLO, AJUDA LUANA A SE LEVANTAR E CONTINUA SEGURANDO A MÃO DA FILHA.

YOLANDA (COM TOM TRISTE) Minha filha...

LUANA (LIMPANDO AS LÁGRIMAS) Mãe, que bom que você está aqui. Você fica com a Teresa enquanto eu descanso um pouco?

YOLANDA Claro, filha. Eu fico com a Tetê. (PREOCUPADA, TENTANDO DISFARÇAR E SER CONCILIADORA)
Mas... vamos pra nossa casa? Eu aviso ao Vladimir que você tava muito cansada. Você dorme mais tranquila lá enquanto eu cuido da Tetê, levo no parquinho, tem um monte de criança da idade dela. Lembra como ela gosta? Se precisar, teu pai vem aqui buscar mais roupa. Só pra passar uns dias. E descansar.

LUANA Mãe, eu só quero dormir. Leva a Tetê pra tua casa? Eu preciso dormir uma noite inteira. É só isso que eu preciso.

YOLANDA NÃO SABE O QUE FAZER. LUANA SAI DA COZINHA. YOLANDA, DE FORMA CARINHOSA, ACALMA A NETA E A LEVA PARA VER TELEVISÃO. ENTÃO, ARRUMA A COZINHA.

ENTRA MÚSICA DE PASSAGEM DE TEMPO.

CENA 41

SALA | CASA YOLANDA e JOAQUIM | NOITE

ALI ESTÃO YOLANDA, LUANA E ISABEL.

YOLANDA TENTA ENCONTRAR PALAVRAS, MAS NÃO CONSEGUE. LUANA CHORA E NÃO SABE COMO RESPONDER.

YOLANDA Luana, estamos muito preocupadas com você. Não pode continuar vivendo assim...

LUANA Mãe, eu sei que tô passando por um problema, mas o que eu quero é uma solução pra seguir com meu casamento, alguma ajuda, tipo terapia de casal.

ISABEL Amiga, ouve o que a gente está dizendo. Não foi uma nem duas agressões. E está cada vez pior. Você dizia que era estresse do primeiro ano de bebê, mas a Tetê já fez três anos!

LUANA	Você sempre falou que eu podia te pedir ajuda.
ISABEL	Mas eu estou aqui para te ajudar.
LUANA	Você só sabe me dizer para eu desistir do meu casamento e agora até minha mãe está contaminada com essa ideia.
ISABEL	Me desculpe, mas do jeito que está, isso não é mais um casamento. É tortura.
YOLANDA	Filha, você sabe que sou contra as pessoas se separarem. Você inclusive sabe que meu casamento com seu pai nunca foi um mar de rosas. Mas o que Vladimir está fazendo contigo passou dos limites.
ISABEL	Luana, é que do jeito que ficou, você está correndo risco.
LUANA	Mas por que não fazer mais uma tentativa, desta vez com ajuda de um psicólogo?
ISABEL	Você deve lembrar que, quando tentou falar sobre terapia, o Vladimir não deu a menor bola. Disse que era bobagem de gente que não tinha mais o que fazer.

LUANA FAZ QUE VAI RESPONDER, MAS FICA COM AS MÃOS NO AR, COM A BOCA ABERTA. TODAS FICAM COMO ESTÁTUA.

AS LUZES SE APAGAM.

CENA 42

SALA | CASA VLADIMIR e LUANA | NOITE

LUANA ENTRA NA SALA E VÊ VLADIMIR MEXENDO NO SEU CELULAR.

LUANA   O que é isso, Vladimir? É meu celular. (FALANDO DEVAGAR) Minha PRIVACIDADE. Você pediu um monte de desculpas ontem e hoje tá invadindo meu celular?

VLADIMIR   Você contou pra alguém das nossas brigas? Falou o quê? Que não bate bem da cabeça?

LUANA   Você tá realmente enlouquecendo. Se você não começar a terapia ou médico, eu vou embora.

VLADIMIR   Não começa, Luana. É você que precisa melhorar. Você me provoca.

VLADIMIR A SEGURA NO OMBRO, AGRESSIVAMENTE.

VLADIMIR   Teu irmão me ligou e fez um interrogatório. (GRITANDO) Chegou a me ameaçar. Quem ele acha que é? O que você falou pra ele? Vamos, fala.

LUANA   Você tá me machucando. Me solta!

VLADIMIR   (AGRESSIVO) Responde! Eu tô mandando!

LUANA   (TENTANDO MANTER A CALMA) Você não manda em mim. E eu não falo com meu irmão há dias.

VLADIMIR   Então, ele tá adivinhando coisa agora? Pra quem você contou?

LUANA   Vladimir, você já reparou como tá meu braço? Acha que é difícil de as pessoas notarem?

VLADIMIR   E tem mais. Eu já mandei você parar com esse negócio de roupa decotada. Mulher minha não tem que se exibir por aí. Entendeu, Luana?

LUANA   Você vai começar tudo outra vez? Você esqueceu o que falou ontem? Vladimir, a gente precisa de ajuda de psicólogo. Assim, não temos como continuar.

VLADIMIR   (AGRESSIVO) PSICÓLOGO? Você quer me tirar do sério, Luana?

LUANA   (CALMA) É você que está me enlouquecendo.

VLADIMIR SAI, NERVOSO.

LUANA SUSPIRA ALIVIADA, ATÉ QUE VÊ VLADIMIR VOLTANDO RAPIDAMENTE.

VLADIMIR (VOLTANDO) Eu vou atrás daquela tua amiga. Aposto que é aquela feminista que tá pondo caraminhola na tua cabeça.

LUANA Eu vou embora.

VLADIMIR NÃO VAI, NÃO. Quer saber? (DÁ UM TAPA NO ROSTO DE LUANA) Isso é pra você aprender a não ficar falando de nossa vida por aí. Você também conta que tem tesão por mim? Isso você não conta, né? Diz que sou um monstro, mas não diz que continua dando pra mim? Ou você conta por aí tudo o que a gente faz no quarto? Vai dizer que tô te forçando?

LUANA NÃO SE MEXE E NÃO DÁ UMA PALAVRA.

DE FORMA AGRESSIVA, VLADIMIR ABRE A CALÇA DE LUANA E ENFIA SUA MÃO EM SUAS PARTES ÍNTIMAS.

VLADIMIR Vai dizer que eu não te deixo molhada?

LUANA (BRAVA) Me larga. Me larga agora!

VLADIMIR Acha o quê? Que com esse corpo que ficou depois da gravidez vai achar alguém que vai te querer?

LUANA SE AFASTA.

VLADIMIR (AGRESSIVO) Você fala mal de mim, né? (ELE A EMPURRA) Mas não diz nada sobre o que você faz de errado! Você não conta que sai pela rua de vestidinho curto parecendo uma piranha?

LUANA Me larga. Por favor, Vladimir, me deixa sair.

VLADIMIR (SEGURANDO, AGRESSIVAMENTE) É você que estraga tudo. Sempre. E quer saber? Você não pode ir embora porque não vai conseguir viver sem mim. Do jeito que é, não vai conseguir outro trabalho, e eu nunca vou deixar você levar minha filha. Vai embora, pode ir correndo pro teu irmão, qualquer juiz vai achar que foi abandono de lar por tua culpa.

LUANA Você tá... (BALBUCIA, NÃO CONSEGUE TERMINAR A FRASE) Eu quero ir embora. (DECIDIDA) Me larga agora. Não fico mais aqui!

VLADIMIR (COM IRONIA) Você não consegue sair daqui porque não consegue viver sem mim. Não é isso?

ELE SE APROXIMA SEDUTOR.

LUANA (FRIA) Quer saber a verdade?

SILÊNCIO. VLADIMIR ACENA QUE SIM COM A CABEÇA.

LUANA Faz muito tempo que só aceito transar com você para não ter que discutir.

ELE SE APROXIMA, A TOCA E, EXCITADO, TENTA TIRAR SUA ROUPA.

LUANA (FIRME) Não quero, Vladimir. Sai de perto de mim!

ELE INSISTE.

LUANA Não tô me sentindo bem. Para! Não tô no clima.
VLADIMIR Clima? Precisa de clima? Sou teu marido, porra. Estou no meu direito.

ELA TENTA SAIR E ELE NÃO DEIXA.

VLADIMIR (SEDUTOR) Sou teu marido!
LUANA (TENTANDO SE SOLTAR DELE) Eu não quero agora. Me larga! (FRIA) Ou vai me estuprar?
VLADIMIR Te garanto: nem polícia nem juiz vai acreditar nessa conversa de mulher estuprada por marido.

LUANA TENTA SAIR DE PERTO DELE. VLADIMIR A SEGURA VIOLENTAMENTE E A JOGA NO CHÃO. ELA TENTA FAZÊ-LO PARAR, MAS NÃO CONSEGUE.

LUZES SE APAGAM.

DE FORMA AGRESSIVA, ELE TIRA A CALÇA DE LUANA E FORÇA A SITUAÇÃO. (O PÚBLICO NÃO VÊ, SÓ OUVE)

RUÍDOS DE LUANA CHORANDO. MÚSICA DE PASSAGEM DE TEMPO.

O Último Dia

CENA 43

PALCO VAZIO

LUANA ESTÁ SOZINHA NO PALCO.

LUANA Ele disse que não foi estupro. Que era exagero meu, afinal a gente era marido e mulher. Naquela noite, Isabel, eu queria ter ido pra tua casa. Mas me senti tão fraca que não tive coragem de sair. Quando ele dormiu, fui para o quarto da Teresa, a peguei no colo e prometi que ela não viveria nada parecido. Teresa não acordou e ficou com a camisola molhada de tanto que eu chorava. Por um momento, pensei que podia sair dali e fechar a porta da humilhação. Meu Deus, como eu me sentia humilhada! Era um sabor amargo, um frio que percorria meu corpo, um fracasso, um medo paralisante de dar o próximo passo. Mas eu tinha vergonha. (REFLETINDO) Não sei se era vergonha dele ou de mim mesma. Eu tinha vergonha de ainda sentir alguma coisa por ele. Talvez já tivesse acabado, mas eu estava perdida e não tinha mais força. Se pudesse voltar no tempo, saía naquele momento com Teresa no colo, entrava no primeiro táxi e ia pra tua casa. Mas tive vergonha até de você. Dormi chorando ao lado dela e acordei com a luz do dia no meu olho. A casa em silêncio... Foi a primeira vez que senti muito medo. Ele já tinha saído.

MÚSICA FAZ PASSAGEM DE TEMPO ENTRE CENA NARRAÇÃO E CENA DIÁLOGO.

CENA 44

QUARTO CASAL | CASA VLADIMIR e LUANA | MANHÃ

VLADIMIR (CARINHOSO) Me desculpa, Luana. Eu perdi a cabeça ontem.

LUANA (FRIA) De novo? Quantas vezes na vida você vai perder a cabeça?

VLADIMIR Você sabe que eu te amo.

LUANA Sinceramente, Vladimir, agora acabou. Ficou difícil de acreditar que você sente algo por mim.

ELE SE APROXIMA DE FORMA CARINHOSA. LUANA, DEPRIMIDA, NÃO REAGE, INDIFERENTE.

VLADIMIR (CARENTE) Não entendo, Luana, você tinha tanto interesse por mim. O que aconteceu? É por isso que comecei a achar que você tem um caso.

LUANA (CALMA E DIDÁTICA) Não tenho um caso, nunca tive e nunca terei. Você tá desequilibrado. E o nosso casamento acabou aqui.

VLADIMIR (AMEAÇADOR) Você tem alguém? É por isso que você não tá querendo nada comigo?

LUANA   Você não me escuta, Vladimir. O que adianta perguntar se não acredita em nada que eu falo?

VLADIMIR   Você me deixa transtornado.

LUANA   Você precisa de um médico. Tô falando sério. Um psiquiatra, pedir ajuda... Você acabou de fazer juras de amor e agora está me ameaçando?

VLADIMIR   A culpa é só tua. É você quem tá me deixando louco. (EM TOM AMEAÇADOR) Se algum dia você fizer uma besteira, a ponto de se meter com outro homem, eu..., eu te mato, entendeu? Prefiro passar a vida preso do que te ver com outro.

LUANA SE AFASTA, CHOCADA.

VLADIMIR SE APROXIMA, SEGURA O BRAÇO DE LUANA E AMEAÇA DAR- LHE UM TAPA, MAS SUA MÃO FICA SUSPENSA NO AR E A AMEAÇA NÃO SE CONCRETIZA. ELE A SOLTA E SE RETIRA.

LUANA CAI DE JOELHOS NO CHÃO, COMO SE TIVESSE RECEBIDO O TAPA QUE NÃO ACONTECEU, E FICA IMÓVEL, COM AS MÃOS NA CABEÇA.

CENA 45

SALA | CASA YOLANDA e JOAQUIM | DIA

CLIMA TENSO. JOAQUIM e ISABEL ESTÃO SENTADOS. YOLANDA ANDA DE UM LADO PARA O OUTRO.

YOLANDA   Estou muito preocupada com a nossa filha.

ISABEL   Seu Joaquim, nunca que eu queria ter que te contar uma coisa dessa, mas é a verdade. Luana está correndo perigo. Vladimir está muito descontrolado.

SILÊNCIO DOS TRÊS.

YOLANDA   Joaquim, você está me ouvindo?

JOAQUIM   Como você tem certeza?

ISABEL   Eu já sei há algum tempo.

YOLANDA	O Antônio também sabe e estará aqui na semana que vem. Mas agora eu estou com medo e a Luana não quer vir pra cá. Joaquim, você tem que fazer alguma coisa.
JOAQUIM	Eu vou ter uma conversa com o Vladimir.
ISABEL	Seu Joaquim, isso não vai adiantar. Olha..//
JOAQUIM	(INTERROMPENDO e RÍSPIDO) Uma conversa de homem pra homem, vai adiantar sim.
ISABEL	Eu acho melhor ir pra delegacia.
JOAQUIM	(CHOCADO) O que é isso, menina? Colocar o próprio marido na cadeia?
ISABEL	Melhor na cadeia que morando com ela.
YOLANDA	(DOCE, TENTANDO SER PERSUASIVA) Meu bem, acho que a Isabel tem razão. A situação, não sei, estou ficando nervosa. Vou lá buscar a Luana.
JOAQUIM	(AUTORITÁRIO) Yolanda, você não vai a lugar nenhum! Sinceramente, você tá exagerando. Luana pode passar um tempo aqui em casa e esperar a situação se acalmar. Não precisa de delegacia.

JOAQUIM DÁ DE OMBROS, YOLANDA FITA O CHÃO E ISABEL VAI EMBORA DECEPCIONADA.

ISABEL	Bom, eu vou me embora. Se eu fosse vocês, já estaria na delegacia.

O Último Dia

CENA 46

SALA | DELEGACIA | DIA

ISABEL E LUANA ESTÃO NA DELEGACIA, SENTADAS EM FRENTE A UM DELEGADO. LUANA, NERVOSA, E ISABEL, APREENSIVA.

DELEGADO E então?

LUANA (COM DIFICULDADE PARA FALAR) É...

DELEGADO É queixa contra o marido, né? Pode começar.

ISABEL Não tem delegada mulher aqui?

DELEGADO (DE FORMA IRÔNICA) Tá de licença-maternidade. Só comigo mesmo. Não serve?

ISABEL O senhor tá vendo que ela está abalada?

LUANA Eu vou falar, sim.

ISABEL Fala, Luana. Fala tudo.

DELEGADO Deixa, por favor, ela dar o depoimento sozinha.

ISABEL SEGURA A MÃO DA AMIGA.

LUANA Ele... Essa noite me...

LUANA TENTA FALAR, MAS NÃO CONSEGUE. NERVOSA, BALBUCIA ALGUMAS PALAVRAS, MAS NÃO FORMULA A FRASE.

DELEGADO Preciso que você seja mais clara.

ISABEL Estupro, delegado.

DELEGADO Estupro dentro do casamento? Difícil de provar...

LUANA Eu... Ele...

ISABEL Isso se chama estupro, não é delegado?

DELEGADO Preciso que os fatos sejam melhor apresentados. Alguém presenciou a cena? Tem alguma gravação? Se não tem prova, fica difícil.

LUANA, INSEGURA E DESNORTEADA, LEVANTA-SE SEM FALAR NADA E SAI DA SALA.

ISABEL Seu delegado, ela é uma vítima e está muito sofrida. Me desculpe, mas o seu papel deveria ser outro.

DELEGADO Estou fazendo o meu trabalho! Se continuar falando desse jeito, pode ser presa por desacato. Então, cuidado como você fala comigo!

ISABEL NÃO RESPONDE. LEVANTA-SE E VAI ATRÁS DE LUANA, QUE ESTÁ DO LADO DE FORA DA DELEGACIA. ELAS NÃO RETORNAM E VÃO EMBORA.

CENA 47

SALA | CASA YOLANDA e JOAQUIM | NOITE

LUANA ESTÁ SENTADA NO SOFÁ. YOLANDA SERVE UM CAFÉ. ISABEL DE PÉ, TENSA.

LUANA   Isabel, como vou sustentar a minha filha?

ISABEL   Calma, Luana, tem muita gente pra te ajudar. Um passo de cada vez. Você precisa conseguir fazer a denúncia.

LUANA   Ele vai querer me matar se souber que eu fiz isso.

ISABEL   Se você denunciar, vai conseguir a medida protetiva. Ele não vai poder vir aqui.

LUANA   Ai, Isabel, não quero voltar naquela delegacia...

ISABEL   Fica na minha casa, então. Não volta mais pra lá.

LUANA   Como é que se acaba casamento por telefone?

YOLANDA   Minha filha, acho que a Isabel tem razão. Fica aqui e seu pai vai lá e traz as suas coisas.

ISABEL   Dona Yolanda, com todo o respeito. O seu Joaquim não está entendendo a gravidade da situação. Quantas vezes ele já falou que casamento é assim mesmo?

LUANA   Calma, Isabel, o Vladimir também não é um monstro. Ele perde a cabeça, mas se arrepende. Não estou correndo perigo como você diz.

ISABEL   Pensando assim é que você não vai sair nunca desta situação.

LUANA   Eu vou sair de cabeça erguida. Não vou fugir. Não vou ficar me escondendo. Eu vou lá falar com ele e fazer minhas malas.

YOLANDA   Deixa o tempo passar, minha filha. Pra que entrar na discussão agora? Se ele tá perdendo a cabeça, tá de sangue quente, o melhor é ficar longe. Casamento é difícil mesmo.

ISABEL   Dona Yolanda, a senhora não está ajudando assim. Desse jeito, ela não vai terminar nunca esse//

YOLANDA   (INTERROMPENDO) Minha filha, pode ser que o mais prudente seja não resolver nada neste momento, até para organizar os pensamentos e não tomar decisões precipitadas.

ISABEL   Mas, Dona Yolanda, ele é violento, e Luana já disse que quer se separar dele.

YOLANDA   Luana, você já falou isso pro Vladimir?

LUANA FICA IMÓVEL.

CENA 48

SALA | CASA VLADIMIR e LUANA | NOITE

JOAQUIM ESTÁ DE PÉ, CONVERSANDO COM VLADIMIR.

JOAQUIM Eu tenho você como um filho, Vladimir. A última coisa que queria é que vocês se separassem.

VLADIMIR Mas quem tá falando em se separar?

JOAQUIM (SENDO DIRETO AO PONTO) Como a gente resolve esta situação, Vladimir?

VLADIMIR Sinceramente, seu Joaquim, acho que o senhor precisa levar a Luana ao médico, psiquiatra, psicólogo, essas coisas. Ela não tá batendo bem da cabeça. Ela exagera em tudo, não pensa direito.

JOAQUIM Mas e essas brigas que vocês andam tendo?

VLADIMIR   Olha, seu Joaquim, com todo o respeito que tenho pelo senhor e sua família. Eu não sou santo, às vezes fico nervoso, mas a Luana tem se comportado mal. Nem parece a moça com quem eu me casei.

ENTRA MÚSICA.
JOAQUIM RESPONDE, MAS NÃO OUVIMOS.

O Último Dia

CENA 49

QUARTO TERESA | CASA VLADIMIR e LUANA | DIA

ISABEL ESTÁ SOZINHA FAZENDO AS MALAS.

VLADIMIR CHEGA EM CASA MAIS CEDO QUE O HABITUAL E SE SURPREENDE AO VER ISABEL ALI.

VLADIMIR (AGRESSIVO) O que você está fazendo na minha casa?

ISABEL (IRÔNICA) Caso não tenha percebido, estou fazendo a mala da Teresa. Ela vai passar uma semana com os avós. Luana prometeu pro irmão que vai ficar lá até ele chegar no Rio.

VLADIMIR Cadê a Luana? O que você tá enfiando na cabeça dela?

ISABEL (IRÔNICA) Vladimir, escuta bem: eu não te devo satisfação nenhuma.

VLADIMIR PEGA AGRESSIVAMENTE A MALA DE CIMA DA CAMA E JOGA TUDO NO CHÃO.

VLADIMIR Você não vai levar nada da minha casa. (DEVAGAR) Nada! Entendeu?

VLADIMIR DÁ UM PASSO EM DIREÇÃO A ISABEL E COLOCA O DEDO PRÓXIMO DE SEU ROSTO.

ISABEL Você vai me bater? Vai em frente. Vamos lá! Eu não tenho medo, não, Vladimir. Quer ser covarde? Vai em frente.

VLADIMIR NÃO RESPONDE.

ELE DÁ UM PASSO PARA TRÁS E OLHA PARA OUTRA DIREÇÃO.

ISABEL   Fica tranquilo, pois mudei de ideia: não vou levar nada da tua casa, não. Tenho dinheiro suficiente para comprar tudo o que a minha afilhada precisa.

VLADIMIR   Cadê minha filha? (SURTANDO) Você roubou minha filha?

ISABEL   Eu não te devo satisfação. Nem resposta. Eu estou dentro da lei, Vladimir. Já você...

ISABEL, DECIDIDA E SEGURA, PASSA POR ELE E SAI ANDANDO.

MÚSICA FAZ PASSAGEM DE TEMPO ENTRE CENA DIÁLOGO E CENA NARRAÇÃO.

CENA 50

PALCO VAZIO

LUANA ESTÁ SOZINHA NO PALCO.

LUANA Eu menti pra Isabel e pra minha mãe. Falei que tinha consulta no ginecologista, mas voltei pra casa. Eu queria sair de cabeça erguida. Não ia fugir nem me esconder. Mas também queria dizer pra ele que tava disposta a perdoar se ele mudasse. Nunca deixei de acreditar que ele pudesse voltar a ser como era.... (PAUSA) Mas tudo saiu errado. Ele ficou nervoso porque eu já tinha deixado a Maria Teresa na casa dos meus pais. Ele viu meu armário meio vazio e ficou louco. Completamente maluco, me agrediu, ameaçou me matar e eu tentei me defender. E... (CHOCADA) foi um acidente. Eu só queria me defender. Ele morreu. Eu matei meu próprio marido, pai da minha filha.

CENA 51

CEMITÉRIO | DIA

LUANA CAMINHA AO LADO DO CAIXÃO, ABATIDA E APÁTICA. ISABEL LEVA TERESA NO COLO.

ANTÔNIO AMPARA YOLANDA E JOAQUIM, QUE JUNTOS CAMINHAM. TODOS TRISTES.

MÚSICA FÚNEBRE.

O Último Dia

CENA 52

PALCO VAZIO

DO OUTRO LADO DO PALCO, LUANA APARECE EM UM FOCO DE LUZ, SOZINHA, ENQUANTO A CENA DO ENTERRO CONTINUA, EM PARALELO, EM OUTRO FOCO.

LUANA   Pensei que EU o havia matado. (NERVOSA) Me desesperei, só o empurrei para afastá-lo de mim, mas ele bateu a cabeça na mesa. Achei que tivesse morrido. (TRISTE) Mas me enganei, mais uma vez. Ele se levantou. Ficou tudo escuro e escutei sua última frase: "Se você não vai ficar comigo, não vai ficar com ninguém".

O Último Dia

CENA 53

ENTERRO | DIA

MÚSICA.

PALCO DIVIDIDO EM DOIS FOCOS DE LUZ.

NO MESMO FOCO DE LUZ DA CENA ANTERIOR, LUANA OBSERVA O OUTRO PONTO DO PALCO, ILUMINADO PELO SEGUNDO FOCO.

ALI ESTÃO YOLANDA E JOAQUIM. EM SILÊNCIO, ELES SE DESPEDEM DA FILHA NO CAIXÃO. ANTÔNIO APROXIMA-SE E OS AMPARA. ISABEL, CARREGANDO TERESA NO COLO, SE APROXIMA DO CAIXÃO E COLOCA FLORES.

LUANA   Eu quis ir embora, mas não consegui me levantar. Não encontrei força para sair a tempo. (NEUTRA) O tempo da esperança. O tempo da desilusão. O tempo do perdão, o tempo da paixão.

UM TERCEIRO FOCO DE LUZ SE ACENDE EM UM PONTO MAIS DISTANTE DAS DEMAIS PERSONAGENS, ILUMINANDO VLADIMIR, QUE, PARECENDO UMA ESTÁTUA, FITA O HORIZONTE.

ENQUANTO LUANA FALA, OS FOCOS DE LUZ DA FAMÍLIA E DE VLADIMIR DIMINUEM LENTAMENTE, ATÉ SE APAGAR.

LUANA   (DEVAGAR) Em todos aqueles anos, meus tempos se misturaram. Não enxerguei que não havia tempo. A violência é sempre urgente. Quando a linha é cruzada, o tempo morre.

LUZES SE APAGAM.

FIM

Este livro foi composto na tipologia Minion Pro Regular e impresso pela Gráfica Vozes em papel avena 80 g/m² e a capa em papel cartão supremo 250 g/m².

www.facebook.com/GryphusEditora/
x.com/gryphuseditora
www.bloggryphus.blogspot.com
www.gryphus.com.br